à Solenn

Véronique Poivre d'Arvor

à Solenn

Albin Michel

Sa présence en nos vies
a rendu toute chose
à sa dimension vraie.

Zigzag au fond de la mémoire

Remontées d'innocence, d'espoirs, de souffrances... Véronique a eu à son tour besoin de l'écriture pour se souvenir d'une enfant, puis d'une jeune fille que nous avons tant aimée et qui nous manque tellement.

Elle a voulu ne se rappeler que les années heureuses, la restituer telle qu'elle fut avant sa maladie mais bien malgré elle, au fil des pages, reviennent les veines d'un filon beaucoup plus noir, celui de l'anorexie qui a fini par nous la ravir.

Ce sont ces allers et retours entre les temps heureux et douloureux que nous raconte Véronique. Afin que nul n'oublie Solenn.

PATRICK

Juillet 1996

C'est pour Gwenaëlle et Tristan que je veux tenter d'écrire ton histoire, Solenn, et pour tous ceux dans la vie desquels tu es passée comme un météore lumineux, au risque de ne plus être qu'une légende familiale, une fille désincarnée.

Désincarnée, le mot est venu naturellement sous ma plume. C'est justement ce que tu auras été pendant deux ans de ta vie qui en a compté dix-neuf, deux ans qui ne résument pas un destin.

Patrick, ton père, t'a déjà consacré deux livres, deux livres d'amour et de souffrance, ils racontent avec une infinie tendresse ton parcours de petite fille ballottée par la maladie et par l'angoisse qui t'ont menée au saut dans l'éternité.

Pour Gwenaëlle, Tristan et Maël, pour Jérémy et Joachim, pour nos petits-enfants à venir, pour François, je voudrais essayer de retracer le chemin de la Solenn pleine de joie et de vie que tu as été tout au long de ton enfance et de ta prime adolescence. J'y mêlerai des épisodes de ta maladie puisque j'en ai, hélas, été le témoin principal et bien impuissant.

Ce ne sera que l'esquisse d'un portrait parce que ma mémoire est parfois défaillante et que personne, pas même toi, n'avait la clé de ton mystère.

Ceux qui ont perdu quelqu'un de très proche éprouvent souvent le besoin d'écrire. Depuis ton départ, ce sont les seuls livres que j'arrive à lire. Je cherche leurs réponses aux questions que je me pose, je m'y retrouve souvent.

Depuis hier, je sais que je vais tenter de suivre leurs pas, parce que s'impose violemment à moi cette possibilité de rapprochement qu'offre l'écriture.

En ce début d'été, je suis arrivée à Trégastel avec un immense poids sur les épaules, une chape de plomb qui m'enserre affreusement. Un an et demi sans toi et finalement bien peu de progrès sur le chemin de la légèreté de vivre à laquelle j'aspire depuis si longtemps !

Je viens donc vers toi pour que l'évocation de ces années où tu nous as accompagnés nous rappelle ce que tu étais venue dire à la vie, une manière de te garder auprès de nous encore et toujours.

1

– Mam, je ne me souviens presque plus de Solenn.

C'est le regret un peu nostalgique que Gwenaëlle m'a confié l'autre jour.

Et pourtant, comme elle aimait être dans ton sillage !

Je vous revois toutes les deux dans ta chambre, assises par terre devant un miroir posé à même le sol. Tu es en train de te maquiller, il y a tout plein de pots et de tubes éparpillés et la petite coquette te regarde du haut de ses trois ans, avec une admiration sans bornes, avec envie aussi. Tu la laisses se mettre un peu de poudre ou de rouge à lèvres. Elle est aux anges. Elle voudrait être belle comme toi, belle comme « la grande Solenn ».

Tu t'étais énormément réjouie de la future

naissance de Tristan quand on te l'avait apprise après ta période d'isolement à l'hôpital. Il n'a pas eu le temps de se souvenir de toi, il te reconnaît sur les photographies, il sait que tu appartiens à notre vie et il a fait son domaine de ta chambre quand il vient à la maison.

Tous vos jouets d'enfants y sont rangés et c'est dans ce grand placard blanc qu'il vient à la chasse aux trésors. Gwenaëlle et lui découvrent petit à petit ce que furent votre bonheur et vos jeux.

Ta chambre, ainsi, n'est pas un musée, elle reste toujours ce que tu as voulu qu'elle soit : dépouillée et gaie.

A la sortie de ta première hospitalisation, en décembre 1992, nous avons toutes les deux arpenté les boutiques de décoration pour choisir tentures, rideaux et coussins.

Tu n'étais pas très solide, les vendeuses te regardaient avec un drôle d'air, se posant sûrement mille questions sur ta maigreur.

Depuis le début de ton anorexie, tu ne savais plus te décider, tu hésitais sur tout mais, pour une fois, tu as jeté assez vite ton dévolu sur une toile d'un jaune très lumineux. A t'entendre, avec une telle couleur, on ne pouvait plus avoir des idées noires.

Et c'est la veille de Noël qu'on posait la moquette pour que tu puisses enfin t'installer.

La présence des ouvriers et la préparation du réveillon m'avaient empêchée, pour la première fois, de t'accompagner à l'hôpital. Tu devais t'y rendre chaque semaine pour une visite de contrôle. Ton médecin était en vacances ; tu allais voir l'interne.

Ces visites étaient devenues pure routine, je n'étais pas trop inquiète quand tout à coup le téléphone a sonné. Au bout du fil, le chef de service me faisait savoir qu'il te gardait, ton poids avait redégringolé, tu étais en hypothermie. Nous t'avions promis depuis longtemps des vacances aux Antilles. J'étais effondrée, je suppliais qu'on te laisse sortir au moins pour la soirée de Noël. Le médecin, inflexible, me demandait de venir t'apporter des affaires et d'accomplir les formalités d'admission.

La mort dans l'âme, je me préparais à obtempérer quand tu es arrivée en taxi comme une fleur, très contente de ton coup. Tu t'étais sauvée. Tu as su convaincre Patrick de décharger l'hôpital de sa responsabilité. Votre volonté à tous les deux a été plus forte que la raison que je prônais et l'inquiétude qui me rongeait.

C'était la première fois que tu t'enfuyais d'un hôpital, ce ne serait pas la dernière ; en deux ans, tu es devenue une spécialiste de ces performances.

Nous avons donc fêté ce Noël en compagnie de grands-parents qui ignoraient tout de ton état et à qui j'essayais de cacher mon angoisse.

Nous avons pris l'avion le lendemain pour une île belle et ensoleillée dans laquelle l'assistance médicale était des plus réduites.

Tu as continué à chipoter dans ton assiette, tu as exhibé sur la plage avec fierté ce corps squelettique que je ne pouvais regarder sans effroi ni souffrance, tu as partagé avec Morgane des secrets et des rires.

Nous avons fait de grandes promenades par des sentiers escarpés sous un soleil torride, tu allais de l'avant comme une petite chèvre courageuse.

Tu ne tenais que par un souffle, mais tu avais une énergie terrible. Je sais maintenant que nous avons frôlé la catastrophe, tu pesais à

A Solenn

peine trente kilos. Pendant ces quelques jours, tu as été heureuse, tu as profité de la liberté dont on avait essayé de te priver et aujourd'hui encore je me réjouis de ces instants fragiles de bonheur

2

Très vite, à notre retour, tu réintégrais ta chambre à l'hôpital du Kremlin-Bicêtre, mais, cette fois, sans la contrainte de l'isolement. Je pouvais venir te voir chaque jour et nous avons beaucoup parlé toutes les deux.

Parfois tu allais bien, tu faisais des projets, tu brodais, tu supportais allégrement la sonde gastrique, tu jacassais.

Mais souvent, je ne savais plus comment te convaincre que la vie t'avait donné bien des atouts, que tu étais belle, intelligente et qu'une fois guérie tout s'éclairerait.

Nous évoquions ensemble les événements de ton existence, ta place dans la famille, tes rapports avec chacun. Nous avons souvent abordé les circonstances de ta naissance et essayé de comprendre le lien éventuel avec ce que tu vivais.

J'avais besoin de savoir si tu te considérais comme une enfant de remplacement puisque née juste un an après la mort subite de Tiphaine. Tu pensais au contraire avec certitude que ta naissance nous avait comblés de joie.

Tu avais raison.

La mort de Tiphaine a été un choc terrible, un mystère insondable. Quel pouvait bien être le sens d'un si bref destin ?

Un jour où, jeunes mariés, nous nous promenions dans un petit cimetière provençal, nous nous étions arrêtés devant une tombe minuscule. Je me souviens avoir dit à ton père que je ne pourrais survivre à une telle épreuve.

Voilà que cela m'arrivait et que je survivais.

J'ai survécu grâce à toi, grâce à cette petite vie que j'ai très vite sentie en moi et qui m'a permis d'avoir encore foi en l'espérance.

Je t'ai attendue dans la joie et dans l'angoisse. Aînée de sept enfants en pleine santé, à mes yeux un bébé c'était solide. Dorothée et

Arnaud avaient poussé sans me donner de souci et voilà que je me sentais désemparée, je n'étais plus sûre de rien.

Décembre 1975 est arrivé. Le 8, douloureux anniversaire de la mort de Tiphaine est passé, je ne voulais pas que tu naisses ce jour-là. Tu as attendu le 11 et tu t'es annoncée.

Avec amour et crainte, nous sommes partis, meurtris mais confiants, pour t'accueillir.

Tu es née en pleine nuit, tu as donné quelque frayeur au médecin parce que tu avais le cordon ombilical autour du cou. Tu nous es apparue avec des cheveux si blonds qu'on les distinguait à peine et un teint très clair, presque translucide. Tu ne ressemblais pas à mes autres bébés ; tu semblais si fragile.

Rien de commun entre Tiphaine et toi, c'était bien ainsi. Je n'ai pas cherché à ébaucher une comparaison entre vous deux. Quelle douloureuse frustration de ne pouvoir l'imaginer petite fille puis adolescente !

Tu n'es pas venue prendre sa place, elle existe à jamais dans nos cœurs.

Ta naissance a été une nécessité : si Tiphaine avait vécu, tu n'aurais pas vu le jour, ta présence parmi nous me semblait donc inéluctable. Cela me dépassait mais me donnait confiance en toi et en la vie.

Cette confiance ne suffisait pas à atténuer la peur irraisonnée que j'ai eue à chaque instant dès ton premier souffle. Je t'écoutais respirer, je guettais le moindre de tes mouvements. Ta pâleur me terrifiait, je te secouais au risque de te réveiller pour te voir réagir.

Comme tout au long de ma grossesse, j'avais dû te communiquer mon inquiétude diffuse et que tu la ressentais, j'en suis sûre, tu as commencé à te venger sur la nourriture. Chaque biberon devenait une épreuve. Sitôt recouchée, tu avais une drôle de petite toux et un flot de lait inondait les draps.

Nous t'avons fait subir tous les examens possibles, tu étais parfaitement constituée.

J'étais tellement épuisée que ta grand-mère a eu pitié de moi, tu es partie chez elle en Normandie. Là-bas, avec son calme, sa patience, sa tendresse, elle a su te convaincre de garder ce qu'on te donnait à manger.

Voilà ce que ta Granny raconte :

A Solenn

« Petite chose encore si menue, que ne t'ai-je pas raconté en te donnant tes biberons, des histoires à dormir debout que je suis seule à comprendre bien sûr. Petit à petit les vomissements se font plus rares, la balance affiche des gains de poids régulièrement. C'est gagné ! On a gagné, bout de chou ! Très fière, je te rends toute rose, si belle, à ta maman rassurée. »

Y avait-il un lien entre ces premiers mois de ta vie et ton anorexie ? Personne n'a été capable de nous le dire.

3

Pendant plusieurs années, par la suite, tu n'as plus posé de problèmes. Tu restais des heures sans manifester la moindre impatience, bébé merveilleusement facile.

Je te revois l'été qui a suivi, assise sur un petit plaid écossais dans le jardin de la maison de Trégastel que nous venions d'acheter. Tu gazouillais, imperturbable et sage comme une image, pendant que nous déblayions, avec Patrick, Dorothée et Arnaud, tout ce que les anciens propriétaires y avaient abandonné.

C'est sûrement toi qui nous as porté chance. Cette crèche bretonne est entrée dans notre vie la même année que toi. Elle était très convoitée, sans doute est-ce nous qu'elle attendait ?

Bien souvent je m'étais promenée dans ce fond de baie que seules les grandes marées remplissaient. Des joncs envahissaient les trous d'eau que la mer laissait en se retirant. Quantité d'oiseaux aquatiques peuplaient ce marais. Au bord de l'eau, une vieille paysanne vivait dans une ancienne habitation de pêcheur isolée, invectivant tous ceux qui avaient l'audace de passer devant chez elle – elle me faisait peur lorsque j'étais enfant.

Plus tard, j'ai souvent rêvé de cette modeste demeure ; un jour, le rêve est devenu réalité. J'ai emmené Patrick la découvrir, blottie sous son chaos de rochers. La mer, très haute, venait baigner le mur du jardin où les genêts et les ajoncs éclataient dans la lumière du soir.

Ce ne fut pas difficile de le convaincre. Ce paysage possédait tout ce que nous aimions. La taille et l'état de la maison ne nous affolèrent pas. Nous avons su, tout de suite, qu'elle serait notre port d'attache, notre refuge, et pour vous, nos enfants, le lieu de vacances de vos plus belles années, le terrain d'aventures à partager avec tous vos cousins, la vraie cheminée où déposer vos souliers les soirs de Noël.

Les saisons s'y sont succédé, ensoleillées et

douces ou désespérément grises et pluvieuses : vos jeux n'en étaient que plus divers.

Tu aimais entendre le bruit de la pluie et le souffle de la tempête, le soir, dans ta chambre, sous le toit. Tu disais te sentir tellement protégée et en sécurité à l'abri de ces murs qui avaient l'habitude de tels assauts.

Tu t'endormais bercée par la tourmente, ta longue chevelure blonde étalée sur l'oreiller avec dans la tête toutes les histoires que tu inventais pour jouer avec tes poupées Barbie.

Par hasard, il y a quelques jours, en cherchant des papiers, je suis tombée sur une enveloppe en kraft très ordinaire, un peu froissée, portant l'inscription : « Cheveux de Solenn. 11 ans. »

Tes cheveux ! Ce jour-là, le 28 mars 1987, on en avait coupé une grande longueur. Je les ai fait glisser entre mes doigts, si fins, si doux et d'une blondeur lumineuse ; je les caressais avec une intense émotion, des images ont surgi en moi : celles du démêlage. J'ai l'impression de sentir encore contre moi tout le raidissement de ton corps quand je tirais un peu trop fort à ton goût. Je ne voulais pas te faire mal, tu n'osais pas te plaindre, et de grosses larmes jaillissaient parfois de tes yeux. Je te grondais un peu et recommençais plus doucement.

Plus tard, avec Morgane, vous avez souvent évoqué ces « séances de torture » en me traitant de mère indigne !

Ta blondeur a toujours été pour moi une source d'émerveillement. Elle te donnait un air mystérieux, immatériel qui, les années passant, ne s'est pas démenti. Personne n'a jamais été capable de déchiffrer ce qui s'agitait sous cette crinière.

Dans un groupe d'enfants, on te repérait tout de suite, c'était ta marque de reconnaissance et tu attirais tous les regards.

Un soir, au Caire en descendant des Pyramides, nous marchions dans le dédale des petites rues de Guizeh. Des enfants sortaient de partout, te suivaient, c'était à celui qui s'approcherait le plus près de toi pour toucher tes cheveux. Radieuse créature venue d'une autre planète.

Autre flash.

Quelques années plus tard, dans une oasis du désert du Ténéré, des dizaines de petits

Nigériens se pressent autour de toi. Tu les subjugues. Tu ris avec eux et la blondeur te rend unique et resplendissante.

Tu as été la seule de nos enfants à nous accompagner dans ce voyage. Pendant une semaine, un guide magnifique, Mano Dayak, nous a fait découvrir l'immensité, la plénitude, la sérénité de son désert qu'il aimait tant. Il nous le racontait si bien le soir quand nous nous arrêtions pour bivouaquer avant de dormir sous la voûte constellée du ciel. Il savait faire vivre chaque pierre, chaque dune. Tu buvais ses paroles, tu étais sensible à son humour et à sa chaleur.

Comment aurions-nous pu imaginer dans la magie de ces soirées que tu le précéderais de très peu dans un autre monde ? Vous étiez trop purs tous les deux et vous ne pouviez accepter les compromis.

J'espère que vous partagez la même étoile, lui l'homme bleu du désert et toi, la blonde des ciels du Nord.

4

Comme tous les bébés, dès que tu as su marcher, tu as entrepris quelques expériences, certaines faillirent mal tourner.

Un soir où nous recevions des amis, échappant à notre vigilance, tu as croqué une cacahuète sans paraître t'étrangler.

Deux jours plus tard, ta respiration sifflante m'amena à te faire examiner par la pédiatre. Celle-ci commença à parler d'asthme, j'évoquai timidement la cacahuète. Elle prit la chose au sérieux, et nous envoya explorer tes bronches dans lesquelles on découvrit un « corps étranger ».

Il fallut t'hospitaliser et aspirer ce qui t'empêchait de respirer normalement. Ce fut la seule fois de ta vie où l'on t'endormit. Cela ne dura pas longtemps. On m'apporta un minuscule éclat dans un tube et on me chargea de te surveiller jusqu'à ton réveil. Première intimité dans une chambre d'hôpital. Il y en eut d'autres...

Quelques mois plus tard, en te donnant à manger, je constatai, après quelques cuillerées, que tu avalais d'une drôle de manière. En te faisant ouvrir la bouche, j'y découvris des punaises... Je ne savais pas où tu les avais trouvées, combien il y en avait, une seule suffisait à provoquer une perforation. Je t'embarquai dans la voiture à toute vitesse, en brûlant des feux à la grande joie d'Arnaud.

A l'hôpital des Enfants malades, les radios ne signalèrent, cette fois, rien de suspect. Tu avais réussi à filtrer la purée à travers les punaises !

Dans ta petite enfance, les seuls soucis que tu m'as donnés avaient donc déjà un lien avec ce que tu absorbais. Peut-être pourrait-on y voir un signe, la prémonition d'un destin où, un beau jour, la nourriture devint un cauchemar dans lequel tu nous as tous entraînés.

Ce jour-là, avec le recul, je crois maintenant l'avoir retrouvé : nous étions à la toute fin de l'été 1991, tu avais quinze ans et demi.

Parce qu'il faisait trop beau pour quitter la plage, nous étions restés dîner à la crêperie des Sept Iles. A l'époque, la bulle du Forum de la Mer ne cachait pas encore le soleil qui se couchait derrière le phare des Triagoz. C'était une soirée douce et gaie, un peu nostalgique parce que la rentrée approchait.

Dès le retour à la maison, tu as disparu, nous pensions que tu étais partie faire un tour. Tu es revenue en larmes quelque temps plus tard, tu semblais désespérée. Nous avons, tes sœurs et moi, essayé de te consoler, de savoir les raisons d'un tel chagrin. Tu as fini par nous avouer, entre deux sanglots, que tu regrettais de ne pas avoir su résister à une assiette de frites.

Tout le monde s'est moqué gentiment de toi. J'étais soulagée par la minceur de l'argument, j'avais craint un gros chagrin d'amour. Je me souviens t'avoir conseillé de garder tes larmes pour des motifs plus sérieux.

A ce moment-là, pas un seul petit signal ne s'est allumé dans ma tête, et pourtant cette soirée de septembre était le début d'une dégringolade vertigineuse, une spirale infernale, celle de l'anorexie mentale.

A Solenn

Quand je te revois à cette époque, tu avais un joli visage un peu rond mais personne n'aurait songé à te conseiller un régime.

Comme beaucoup de filles de ton âge, tu souhaitais perdre quelques kilos et tu étais d'ailleurs fière d'avoir commencé à le faire pendant un séjour en Floride au mois de juillet.

Là-bas, tout s'était bien passé, tu avais, comme dans les feuilletons américains, une chambre avec une télévision pour toi seule et une superbe salle de bains personnelle. Tu t'entendais mieux avec la mère qu'avec la fille de ton âge et tu es restée longtemps en correspondance avec elle.

Dans cette famille, chacun se nourrissait comme il en avait envie, pendant un mois tu n'as mangé que des légumes et des fruits.

A ton retour tu avais minci, tu étais ravie de ton séjour et des progrès que tu avais faits. Tu étais gaie et épanouie.

5

Epanouie, tu l'es devenue quand tu as commencé à vivre par toi-même et à organiser tes loisirs en jeux sans fin.

Dans ses toutes premières années, la petite « Lélette » – d'où pouvait bien venir ce surnom qui t'est resté longtemps – se révélait sous un jour plutôt réservé.

Sur les photos d'alors, tu offres le plus souvent une moue songeuse ou sérieuse, toute petite bonne femme toujours sage, pas exigeante pour deux sous et qui suivait le mouvement sans exprimer d'impatience ou manifester un quelconque caprice. Tu semblais regarder la vie avec un certain détachement.

J'ai cessé de travailler à ta naissance pour m'occuper entièrement de toi.

Auparavant, mon métier d'institutrice

m'avait privée d'une partie de la petite enfance de Dorothée et d'Arnaud.

J'aimais mes élèves, je crois qu'elles me le rendaient bien et qu'ensemble, pendant des années, nous avons fait un bon travail. Elles accaparaient beaucoup de mon esprit, je leur donnais plus de temps qu'à mes propres enfants. Après une journée de classe, je n'étais pas toujours disponible pour vous.

A ton arrivée, j'ai décidé de rester à la maison, et je ne l'ai jamais regretté. Nous avons ainsi beaucoup partagé, toi ma petite compagne de tous les instants. J'aimerais aujourd'hui que chacune de ces secondes reste gravée dans ma mémoire. Je souhaiterais tant avoir pressenti qu'il fallait profiter encore plus du bébé que tu étais, je voudrais t'avoir entourée de plus de tendresse, t'avoir davantage regardée vivre pour fixer des milliers d'images au fond de mon cœur.

Petite poupée dans sa poussette pliante, souriante et patiente, ou renfrognée et stoïque suivant l'endroit et la température, ravissant minois de souris qui se cache entre les hautes herbes de notre jardin encore en friche, larmes sur le visage frigorifié d'une Solenn dans les bras de son papa qui souffle sur ses mains pour la réchauffer.

Un peu plus tard, tu devais alors avoir deux ans, une nouvelle venue a fait son apparition dans notre univers de Trégastel. Hurrenick était une grande ponette que nous avions offerte à Dorothée, passionnée de cheval depuis longtemps. Elle devait passer l'été dans notre pré, elle essaya bien plusieurs fois de nous fausser compagnie et puis, bon gré mal gré, elle accepta de rester avec nous et se lia d'amitié avec toi. Tu n'en avais absolument pas peur, elle te permettait de l'approcher sans broncher. Quand elle se couchait dans l'herbe, tu pouvais t'asseoir contre elle et appuyer ta tête blonde contre son flanc. C'était si joli de vous voir ainsi toutes les deux : la petite fille fragile adossée à l'énorme masse de l'animal qui sentait son amitié.

Vous étiez à la fête, Arnaud et toi, quand Dorothée vous laissait monter. Tenant la longe et courant pour que le poney aille au trot, elle vous encourageait et vous rassurait. Tu poussais des cris mais tu riais aux éclats et tes cheveux volaient dans le vent alors que ta monture t'emportait jusqu'au bas du jardin.

A dix ans, tu as voulu prendre des cours d'équitation, un maître de manège odieux t'en dégoûta. Pendant toute une reprise, tu essayas de monter sur un cheval qui se dérobait chaque fois que tu l'approchais. Il ne fit pas un geste pour t'aider, se contentant de hurler. Il ne nous revit plus.

Aujourd'hui, on peut apprendre à monter dès trois ans avec des moniteurs intelligents qui savent parler aux enfants. Tu aurais aimé voir le plaisir que prend Gwenaëlle à trotter ou galoper sur « Capuchon » ou sur « Choupette », sa fierté quand elle arrive à en faire ce qu'elle veut.

Si tu avais pu exercer ta maîtrise sur un cheval, peut-être ne te serais-tu pas imposé ce régime de malheur ? Tu aurais eu quelqu'un sur qui faire peser ta volonté au lieu de la retourner contre toi...

6

Ce contrôle auquel tu t'es soumise a commencé bien insidieusement à ton retour des Etats-Unis. Dans le cadre des résolutions de rentrée, tu as décidé de ne plus dîner.

Cela m'a paru irréalisable, je te donnais quelques jours pour réintégrer le repas familial. Mais tu as tenu bon. Je ne me suis pas alarmée, je ne voyais qu'un régime comme ceux auxquels Dorothée s'était astreinte. Elle avait mené toute son adolescence un combat contre son trop bon appétit sans jamais aucun préjudice pour sa santé.

Tu t'affinais, ta silhouette devenait plus élancée, tu étais belle. Fidèle à tes habitudes, tu sortais beaucoup, tu cherchais à plaire et à séduire dans des tenues légèrement provocantes.

Ton premier trimestre de la classe de Première s'est déroulé normalement, tu restais l'élève dont les résultats tournaient autour d'une honnête moyenne. Tu n'avais jamais eu le goût du travail acharné et tu t'étais jusqu'alors contentée du petit train-train qui permettait de passer de classe en classe.

Mais, en trois mois, tu avais perdu dix kilos. Inscrite dans un club de gymnastique, tu y étais très assidue.

Une vague inquiétude commençait à me gagner, et ma voix s'élevait pour te donner des conseils de prudence : l'image que tu renvoyais de toi était superbe, il fallait t'arrêter là.

Tes amies te complimentaient sur ta nouvelle ligne, tu te sentais forte et sûre de toi.

Quand je formulais quelque réserve à propos des efforts que tu t'imposais et du régime qui persistait, ton père me rassurait et me vantait ta force de caractère. Je me faisais sans doute des soucis pour rien, la raison allait triompher de tout cela. Mais la raison n'avait rien à voir là-dedans, nous allions vite en faire l'expérience.

Tu ne mangeais alors plus grand-chose, tu disais ne plus aimer ce qui était gras ou farineux. Tu triais avec une extrême minutie tout ce qu'on mettait dans ton assiette, comme si tu craignais d'être empoisonnée ! Tu m'accompagnais au supermarché, tournant et retournant à la recherche des produits les plus allégés. Quand nous allions au restaurant, tu hésitais indéfiniment avant de faire ton choix et tu arborais le sourire le plus enjôleur pour demander que ton plat te soit servi avec la sauce à part.

Ce que nous prenions pour des caprices commençait à mettre notre patience à rude épreuve. Mes conseils de modération ne servaient à rien. De mince, tu es devenue maigre, ton visage s'est émacié. Quand tu faisais des courses, tu étais ravie de pouvoir choisir les plus petites tailles qui bientôt allaient se révéler trop grandes.

La fille forte qui savait ce qu'elle voulait, qui conduisait énergiquement sa vie, commençait à ne plus très bien comprendre où elle en était et se refermait sur elle-même.

Voilà ce que tu écrivais à ta cousine Marina :

« Le problème est que vers le mois de juin 1991, je ne me sentais pas bien dans ma peau et

me trouvais un peu bouboule, je pensais qu'avec quelques kilos en moins, cela irait beaucoup mieux. J'ai donc essayé de maigrir, au début sans succès puis j'ai réussi. Mais je me rends compte que moralement rien n'a changé et que ce n'est pas parce que je suis mince que j'ai la pêche. Alors qu'est-ce qui ne va pas ? C'est peut-être juste la mutation de l'adolescence. »

Tu devenais exaspérante avec toutes ces nouvelles manies qui, peu à peu, envahissaient tes repas ou leur préparation. Parallèlement, on te sentait vulnérable et on avait envie de t'entourer davantage, de te protéger comme on l'avait fait jadis pour Solenn petite fille.

7

En septembre 1978, cette petite fille-là franchissait pour la première fois la porte du jardin de Blanche de Castille. Tu n'étais pas bien grande, tu n'avais pas trois ans, pour affronter cette nouvelle étape.

Tu connaissais bien les lieux pour y avoir accompagné Arnaud tous les jours. Bien des enfants qui allaient composer ta classe ne t'étaient pas inconnus, tu jouais avec eux chaque après-midi au square.

Tu ne semblais pas particulièrement émue, toute mignonne, encore bronzée avec des petits cheveux courts et bouclés. Tu m'as aisément lâché la main pour aller t'asseoir autour d'une grande table ronde. Autour de toi, c'était une véritable cacophonie de pleurs et d'exhortations au calme. Tu restais impassible portant sur le spectacle qui t'entourait un regard de petit Sphinx impénétrable.

Toute la partie haute du mur de la classe était vitrée, nous ne pouvions ton père et moi te quitter des yeux. Tu semblais nous avoir oubliés quand, tout à coup, tu nous as aperçus, ton visage s'est éclairé d'un sourire complice et tu nous as adressé un petit signe d'adieu qui voulait sans doute nous rassurer. Tu faisais face à la situation, tu prenais ton autonomie, tu avais compris que nous ne t'abandonnions pas.

Docile et appliquée, tu ne manifestas ton désaccord que pour la séance de photos individuelles. Tu pleurais tellement qu'il était impossible de faire de toi un portrait acceptable, la marionnette qui était censée amuser les enfants ne te dérida pas un instant.

Arnaud, appelé à la rescousse, réussit à te rasséréner, il prit place à tes côtés devant l'objectif. Sur la photographie, il affiche un sourire un peu condescendant à côté d'une Solenn dont le visage porte encore les traces du combat qu'elle a mené.

Cette phobie n'a heureusement pas duré. Plus tard, peut-être avais-tu une douzaine d'années, notre voisine te demanda de lui servir de modèle. Tu t'y prêtas avec enthousiasme, elle fit de toi des clichés touchants. Tu y as une grâce émouvante, un léger sourire, ta chevelure accroche la lumière. Elle a su capter ta fragile assurance d'alors, aucune inquiétude ne semble traverser la limpidité de tes yeux bleus.

Aujourd'hui, cette Solenn lumineuse éclaire les pièces de la maison où nous l'avons installée et réchauffe nos cœurs de sa présence rayonnante.

A la même époque, tu fus tentée de suivre les filles d'une de nos amies qui posaient pour des photographies de mode. Il me fallut beaucoup de persuasion pour te détourner de ce projet. J'avais l'impression que tu mettais le doigt dans un engrenage d'apparences qui ne pouvait que t'être néfaste.

Ai-je eu raison ? Peut-être cela t'aurait-il aidée à aimer ce corps que tu as plus tard tant maltraité ?

Une fois de plus, les souvenirs se bousculent ; me voilà bien loin de Blanche de Castille où j'ai encore envie de te voir évoluer. Fière et coquette dans ton déguisement de fleur, tu virevoltes et pouffes de rire avec tes petites amies. Images de gaieté et d'insouciance. Comme celles de la kermesse où tu butinais mille objets inutiles que tu brandissais comme autant de trésors et qui finissaient au fond du coffre à jouets.

Les choses devinrent plus sérieuses dans la classe de Mlle Béatrice qui vous préparait de main de maître à entrer dans la grande école. Elle m'a écrit en février 1995 :

« J'ai eu la joie d'avoir Solenn parmi mes petits. Je lui avais donné le prix de bonne exécution dans les travaux et le prix de grâce. »

Sous les applaudissements des parents, tu avais reçu ton livre de prix des mains de la directrice. Nous l'avons retrouvé l'année dernière en mettant de l'ordre dans votre bibliothèque d'enfants, c'est un album du *Père Castor* qui raconte l'histoire de l'âne Cadichon. Les deux prix y sont inscrits sur un feuillet très officiel collé sur la première page.

Cette année-là avait été marquée par un nouveau drame. Un matin de pluie diluvienne,

A Solenn

sur la route de la maison, j'avais perdu le contrôle de ma voiture. Je n'avais rien de grave mais le bébé que j'attendais, à la grande joie de tous, fut atteint par le choc. Je le perdis quelques jours plus tard, alors que nous étions à près de trois mois de sa naissance.

Personne ne sait les traces que cet accident a pu laisser dans une petite tête de quatre ans.

8

Heureusement Morgane n'a pas mis trop longtemps à manifester sa présence. Tu allais perdre ton rang de petite dernière de la famille. Tu avais cinq ans quand elle est née, tu n'en as jamais été jalouse et l'amour qui vous a unies est le plus beau cadeau que vous ayez pu m'offrir.

Avant de pouvoir partager des jeux avec Morgane, ta cousine Mélanie a tenu une grande place dans ta vie. Elle était ton aînée de huit mois. C'est sur le sable de Trégastel que vos pas se sont rejoints, vous êtes devenues deux petits feux follets dont l'unique préoccupation était d'inventer un monde où le jeu était roi.

Mélanie et ses sœurs passaient leur mercredi chez votre Bonne-Maman. Grand-mère admirable, toujours disponible, elle adorait ses nombreux petits-enfants. Elle ne vivait que pour eux, se déployant sans compter pour être présente à chacun. Elle tricotait des merveilles pour tous, les filles ayant le privilège de porter les robes à smocks qu'elle brodait avec amour.

Elle gardait donc chaque semaine tes cousins et cousines dont les mères travaillaient. Nous venions les rejoindre l'après-midi. Ainsi, la maison et le jardin de mon enfance sont devenus les lieux de vos premiers exploits. Comme nous, vous avez dégringolé les escaliers dans tous les sens, vous avez joué à cache-cache en vous dissimulant dans le fond du jardin où les buissons paraissaient inextricables et angoissants : c'était l'endroit de prédilection des chats plus ou moins sauvages du quartier.

Regroupés par affinités et par âge, dès vos premières années Mélanie et toi vous êtes attachées l'une à l'autre.

Aussitôt que vous avez été assez solides sur vos jambes, vous vous précipitiez pour accueillir votre arrière-grand-père qui ne manquait pour rien au monde ce rendez-vous familial.

Votre empressement n'était pas complètement désintéressé, vous aviez vite compris qu'il avait toujours dans ses poches une manne de bonbons à distribuer.

Il vous prenait chacune sur un genou pour vous chanter *Le Cuirassier sous l'acier qui lui sied*. Vous ne compreniez rien mais sa moustache vous fascinait, il vous laissait parfois l'attraper, vous étiez aux anges.

Ce grand-père a eu la bonne idée de vivre très longtemps pour que vous puissiez profiter de son affection et de sa bonté.

L'année de la naissance de Morgane, vous l'entouriez avec Mélanie et tous les cousins pour l'aider à souffler ses cent bougies. Toute la famille fêtait le parcours exceptionnel d'un homme exemplaire.

« Sur toutes les photos de famille, lors des mariages, baptêmes ou anniversaires, on était toujours voisines. La blonde, la brune, tel était le tandem qui ne fut que très rarement séparé. Jamais l'une sans l'autre, comme si l'une avait besoin de l'autre pour avancer, pour vivre. »

A Solenn

Ainsi parle Mélanie à qui je laisse raconter la complicité des années merveilleuses de votre enfance.

« Les grandes vacances à Trégastel étaient source de très nombreuses activités. La plage était notre préférée ; nous étions chaperonnées par des jeunes filles qui nous gardaient pendant que nous faisions les dingues. Pour éviter la surveillance de ces gourdes, on allait se cacher dans les rochers de la plage Pitet. On se demande encore comment nos mères pouvaient nous abandonner entre les mains de ces filles.

» Dans nos cachettes rocheuses, nous inventions de véritables maisons dans les crevasses, chaque pièce était bien délimitée et avait sa destination.

» Le challenge de nos journées était de ne jamais nous ennuyer. Nous étions des chefs en la matière, nous avions toujours de nouvelles idées : on creusait pendant des après-midi le sable pour créer des voitures ou de magnifiques demeures.

» Toujours gaies comme des pinsons, on passait des heures à jouer sans jamais se lasser, on pouvait faire la même chose pendant plusieurs jours de

suite jusqu'à s'en dégoûter et puis on inventait autre chose.

» Il y avait des périodes comme celle de la marchande de salade : un seau, un vélo, et hop ! C'est parti : des journées entières à cueillir des mauvaises herbes comme si on faisait notre marché.

» On jouait aussi aux dames, on se déguisait, on essayait toujours d'être plus grandes.

» Il nous suffisait de presque rien, un bout de carton, une ficelle ! A une époque, on parlait même à des tondeuses à gazon que nous prenions pour nos chiens. Parler est un mot faible, on hurlait sur des ramasse-herbe.

» On pouvait bavarder pendant des heures entières, inventer des histoires : on dirait que tu ferais ça... Toutes les deux minutes, on changeait le cours de nos histoires et on riait beaucoup.

» Quelquefois aussi, on devenait des poissons. Avec nos planches en polystyrène on surfait sur les vagues à quelques centimètres du bord de la plage. On organisait toutes sortes de nouvelles vies aquatiques, on était de vraies sirènes. »

Ce que raconte Mélanie fait ressurgir tant et tant d'images qui m'émeuvent infiniment.

A Solenn

Je t'aperçois à cheval sur ta planche, les cheveux au vent, sillonnant les eaux claires pour atteindre des îlots rocheux qui vous servaient de plongeoir. Vous passiez ainsi des heures dans l'eau sans vous soucier de sa température plutôt fraîche. Vous étiez les reines de la mer et de la plage et chaque instant de ces journées de vacances était dégusté jusqu'à la dernière miette.

9

« *On faisait partie, Solenn et moi, du* show-business. *On se prenait pour des stars. On donnait des concerts dans le salon de Neuilly et on chantait avec une brosse en guise de micro, à s'en faire exploser les cordes vocales. Notre public était composé d'hommes invisibles en délire. On répétait par cœur le répertoire de Chantal Goya et de Dorothée qui étaient les vedettes des spectacles enfantins de notre époque.* »

C'est de cette époque que date ton engouement pour *Carmen*. Je t'avais emmenée voir le film tiré de l'œuvre de Bizet et tu l'avais adoré. Pendant des journées entières, tu as écouté et réécouté les cassettes en suivant le texte sur le livret qui les accompagnait ; en très peu de temps tu étais capable de chanter de mémoire la plupart des grands airs, ce que tu fis pendant les cinq cents kilomètres d'un trajet en voiture vers Trégastel. Ta cousine Marina, venue pour quelques jours avec nous, se vit enrôler dans l'opéra que tu mimais en dansant et chantant. Tu ne ressemblais pas du tout à Julia Migenes mais tu avais sa fougue pour entraîner dans ton sillage Morgane et Marina qui étaient priées de partager ton enthousiasme. Ecoute Marina :

« *Te souviens-tu, Solenn, de nos douze ans, de mes plus formidables vacances passées avec toi en Bretagne ?*

» *C'était l'époque où* Carmen *était sur tous les écrans, tu en connaissais chaque parole et chaque note de musique.*

» *A Trégastel, dans les rochers de ton jardin, nous reproduisions le film adapté et improvisé à notre façon. Tu étais Carmen, splendide et lyrique, j'étais Micaela.*

» *Morgane, elle aussi, jouait avec nous, mais nous avions accaparé à son grand dam les rôles de diva.*

» *Je revois encore ce magnétophone que nous transportions sous le soleil. Sur cette musique, nous ne cessions d'inventer les scènes les plus diverses. Tu décidais des jeux et moi je te suivais.* »

Beaucoup plus tard, quand tu parus un peu renaître à la vie après tes deux premières années de descente aux enfers, tu émis l'idée de faire du chant. A l'époque tu étais fascinée par la carrière et la personne de Vanessa Paradis.

Tout ce qui pouvait te distraire de tes idées noires, le moindre but capable de te donner envie de mener un projet à bien nous semblait comme une petite bouée de sauvetage à laquelle nous nous agrippions. Tu voulais chanter, va pour le chant ! Quand tu avais quelque chose en tête, tu parvenais toujours à tes fins. Tu t'es alors débrouillée pour dénicher un professeur. Elle n'avait pas beaucoup de temps mais tu avais su la persuader et elle m'avait paru bien comprendre ton état psychologique.

Elle te trouva un joli timbre de soprano et te convainquit de faire aussi du chant classique. Star déjà, star encore, comme lors de tes premières gammes avec Mélanie... Star, inaccessible étoile...

Tu ignorais tout du solfège, mais Evelyne,

notre voisine, te reconnaissait une oreille étonnante. Elle mit, elle aussi, son talent de cantatrice à ta disposition.

Imagine l'intensité de mon émotion lorsque tu entonnais *L'ho perduta, me meschina*, cette aria de Barberine des *Noces de Figaro*. Tu réalisais un de mes rêves. Te voir entamer une carrière lyrique m'aurait comblée. Quelle belle diva tu serais devenue !

Quand la boulimie est devenue envahissante, la musique t'a procuré des moments de trêve au milieu de l'horreur dans laquelle tu te débattais. Lorsque tu as décidé de te faire hospitaliser à Sainte-Anne pour enrayer l'engrenage dans lequel tu vivais, tes médecins t'ont accordé des permissions de sortie pour continuer à travailler ta voix.

Il n'était pas question de te lâcher au milieu des tentations pâtissières qu'offre une traversée de Paris. Je venais donc délivrer ma prisonnière. Quel bonheur de nous retrouver ! En échange des nouvelles de la maison, tu commentais ta vie de recluse avec humour et tu savourais ces délicieuses bouffées de liberté. J'assistais parfois aux leçons, instants de sérieux et d'allégresse, quand tu interprétais au plus juste une mélodie de Jane Birkin ou de Marianne Faithful. Ton regard pétillait d'une immense satisfaction lorsque tu recevais des compliments.

Il fallait ensuite retourner à l'hôpital mais tu avais emmagasiné un peu de joie pour t'aider à mieux vivre cet internement dont tu espérais tant. Tu retrouvais tes compagnes d'infortune et toutes celles qui, avec une infinie patience, tentaient de vous conduire vers un comportement différent.

Une des psychologues qui te suivaient parle ainsi de la Solenn de Sainte-Anne :

« Durant ses hospitalisations ici, elle a toujours tenu une place importante : son charme, son énergie, ses grands élans de générosité mais aussi son côté rebelle et son foutu caractère n'ont laissé insensibles ni le personnel soignant, ni les autres patients. Tous, nous y étions très attachés. »

10

Le chant t'aura offert des plages de sérénité au milieu de l'océan démonté dans lequel tu naviguais alors. Il aura été ta dernière passion.

La toute première fut de loin la plus envahissante. C'est encore Mélanie qui peut en témoigner le mieux.

« Si vous demandez dans la famille quel était notre jeu préféré, on vous répondra à l'unanimité : les Barbies. Quand on jouait aux Barbies, le monde pouvait s'écrouler, rien ne pouvait perturber nos cérémonies tous les mercredis, samedis et dimanches. On en avait une sacrée quantité. On habillait, on déshabillait, on faisait des maisons qu'on détruisait dans l'heure qui suivait. On aurait pu être architectes parce qu'on avait une immense imagination en ce qui concerne les

plans. Grâce aux Barbies, on a appris à coudre, d'abord pour leur faire des robes et ensuite pour réparer nos pantalons totalement élimés aux fesses et aux genoux ! Heureusement c'était la mode des pièces sur les jeans.

» Nous vivions une vie par procuration, et ceci quelquefois quarante-huit heures d'affilée. Solenn avait toujours les plus élégantes, elles étaient les plus riches et leurs maisons étaient toujours plus belles que les miennes. Mais ce n'était pas un concours, chacune s'exprimait au travers de ses poupées.

» Ces Barbies-parties se faisaient sur un fond musical, avec une seule cassette pour tout répertoire : Jean-Jacques Goldman – Véronique connaissait les chansons aussi bien que nous.

» Cette activité nous était strictement réservée et personne ne pouvait prétendre y avoir accès, sauf peut-être Morgane, quand elle a eu l'âge autorisé, et encore !

» Toutes les deux – toujours toutes les deux –, on se mettait hors du temps. Quand on était ensemble, il ne pouvait rien nous arriver, on se protégeait mutuellement. On unissait nos efforts en cas de besoin, chacune veillant sur l'autre. Bien

sûr, comme tous les enfants il nous arrivait de nous disputer pour des broutilles, mais jamais pour très longtemps.

» Chacune a dû passer la moitié de son temps chez l'autre. "Maman, je peux dormir chez Solenn ?" Je pense que Véronique comptait ses repas avec un couvert de plus. Je faisais presque partie de la famille et Patrick me rapportait même un cadeau lorsqu'il rentrait de ses voyages. On était comme deux sœurs.

» Notre période de Barbies a duré cinq à six ans. »

Et cette période aura été bénie. Je ne sais pas laquelle de vous deux a réussi à obtenir de sa mère le droit de posséder une de ces horribles créatures. Nous avons résisté longtemps mais votre insistance a eu raison de nous. Grâce à ces demoiselles à la longue chevelure blonde et à la poitrine épanouie, vous avez toujours su occuper votre temps et c'était un bonheur de vous entendre jacasser et faire vos plans pour organiser l'existence de vos poupées.

Chaque dent perdue, chaque fête, chaque bonne note était prétexte à l'achat d'un nouveau vêtement, accessoire ou meuble. Vos familles s'agrandissaient à vue d'œil et vos maisons se perfectionnaient de jour en jour.

Des cubes en bois délimitaient les différentes pièces d'habitation, et comme chacune avait la sienne, il fallait beaucoup de place. Bien souvent, vous étiez tellement contentes de vos constructions qu'il n'était pas question d'y toucher jusqu'au mercredi suivant. Alors, tant pis pour le ménage !

Petit à petit vous avez accumulé un matériel impressionnant, des objets étaient détournés de leur fonction pour servir de mobilier, des babioles devenaient vaisselle ou bibelots. Dès qu'il s'agissait de vous conduire chez l'une ou chez l'autre, nous nous préparions à un long déménagement, et quand on partait à Trégastel, le chargement de la voiture demandait des trésors d'ingéniosité pour caser tout votre fourbi dans nos bagages.

Vous déployiez des merveilles d'imagination pour créer les scénarios de la vie de vos poupées et vous avez su transmettre votre virus à Morgane. Spectatrice avant d'avoir le droit de se mêler à votre univers, elle a été une très bonne élève en la matière, et je crois que les Barbies sont à l'origine de la complicité qui vous a attachées l'une à l'autre, complicité si forte malgré les cinq ans qui vous séparaient.

Tout au long de ces années Barbies, les préférées se glissaient toujours dans les valises lorsque nous vous emmenions en week-end ou en voyage. Dans ces endroits que vous ne connaissiez pas, elles vous rassuraient, vous permettant de recréer votre monde, que ce soit dans l'immensité un peu effrayante du château de Canisy, ou dans une case du fin fond de l'Afrique.

Presque chaque année, nous partions à la découverte de pays souvent lointains. Tu étais celle qui s'adaptait le mieux au dépaysement et aux conditions d'hébergement plus ou moins précaires. Tu apaisais Morgane qui détestait s'endormir dans des chambres étrangères où des bruits suspects venaient vous réveiller. Certaines nuits au Zimbabwe, les buffles prenaient un malin plaisir à venir paître juste à côté de notre bungalow, leur piétinement et leur respiration vous inquiétaient. Vous veniez vous réfugier auprès de nous mais tu n'avais jamais vraiment peur. Les insectes, surtout les araignées, vous terrorisaient, et il y en avait toujours pour vous faire pousser des cris d'orfraie !

Tu préférais les expéditions en bateau ou en pirogue aux randonnées en voiture, tu avais mal au cœur après quelques kilomètres sur des routes ou des pistes peu carrossables.

En mer, nous avions toujours des guides locaux que vous mettiez immédiatement dans votre poche et qui ne savaient quoi inventer pour vous faire plaisir. Ils vous apprenaient à pêcher et riaient de toutes leurs dents lorsque vous remontiez un poisson.

Au cours de ces voyages, nous avons rencontré beaucoup d'amitié auprès de ceux qui nous faisaient découvrir leur pays ; vous suscitiez une curiosité souriante et accueillante lorsque nous traversions des villages, et je pense que c'est au milieu de ces visages d'enfants et de femmes que ton amour pour l'Afrique est né.

Tout doucement l'idée d'aller enseigner là-bas a fait son chemin en toi. Ainsi, lors d'une de tes hospitalisations, un projet te tenait à cœur. Tu étais alors au plus profond de la dépression et en pleine révolte contre la société de consommation. On était obligé de te nourrir artificiellement grâce à une sonde gastrique, et tu l'acceptais plutôt assez bien parce que tu voulais retourner en Afrique, aider ceux que tu avais appris à aimer lorsque nous les avions rencontrés. Une charmante jeune Blandine est venue plusieurs fois te rendre visite. Elle te racontait son expérience dans un village du Mali où tu pourrais prendre sa suite si ton état physique s'améliorait suffisamment. Caroline, ton médecin, jouait le jeu : il te fallait seulement atteindre trente-six kilos ! L'Afrique représentait un petit espoir auquel nous nous accrochions tous même si la perspective de te voir t'embarquer dans une telle aventure me terrifiait. J'avais bien tort de m'inquiéter, tout le monde pressentait, toi la première sans doute, que tu n'accepterais jamais l'objectif d'un tel poids et que les petits Africains attendraient longtemps une fille qui avait voulu ressembler aux plus démunis d'entre eux.

11

Un an plus tôt nous avions passé des vacances de Noël heureuses au large de l'île Poivre que Patrick désirait tant découvrir et qui se refusa à nous pour des raisons météorologiques.

Tu avais déjà perdu dix kilos, tu étais encore très belle, les photographies que j'ai prises là-bas de toi en sont un témoignage. Tu avais posé sur la plage avec ta robe blanche supermoulante et la pellicule restituait l'image d'une jeune fille élancée, très mince mais avec un corps aux courbes féminines affirmées.

Il aurait alors fallu que les voix de la raison l'emportent sur cette force démoniaque. Elle déformait l'image que le cliché ou le miroir te renvoyaient. Tu te trouvais encore trop grosse. Tu mangeais de moins en moins, toujours derrière moi quand je préparais les repas, tu te méfiais de la moindre cuillerée de crème ou de la plus petite goutte d'huile. Cela se terminait très souvent par des affrontements entre nous deux, j'étais perpétuellement partagée entre l'exaspération que provoquait ton comportement et une très tendre compassion envers ce petit squelette que tu étais en train de devenir.

Tu commençais à exiger beaucoup plus de moi, toi l'indépendante farouche. Tu cherchais à m'accaparer et comme j'avais envie de t'aider, je rentrais dans ton jeu. Les vacances de février sont arrivées, tu as voulu partir avec des amis à Megève. Dès le premier jour, tu m'as appelée au secours à Trégastel, tu craquais, tu étais complètement paumée. J'ai deviné à ce moment-là que nous étions tombées dans le piège, notre inquiétude se concrétisait.

Patrick, qui passait le week-end à quelques kilomètres, te fit venir pour essayer de t'apaiser et de te changer les idées : il n'imaginait sûrement pas qu'il endossait alors le rôle qu'il jouerait auprès de toi pendant des mois et des mois, celui d'un père dont la préoccupation essentielle serait d'apporter un peu de bonheur à sa petite fille perdue au milieu de ses angoisses et de ses obsessions.

Dès notre retour, je t'emmenai chez notre généraliste que tu aimais bien. Avec calme, il tenta de dédramatiser la situation et de te faire admettre que tu devais absolument prendre du poids. En vain, tu as refusé de retourner le voir.

Tu acceptas en revanche de consulter une nutritionniste : tu allais pouvoir parler calories avec elle, ces fameuses calories qui étaient ta bête noire et que tu comptabilisais avec soin sur ton calepin, après chaque repas. Cet agenda rouge ne te quittait pas, tu y notais très minutieusement chaque jour aussi ton poids que nous n'avions pas le droit de connaître. Avec une écriture de plus en plus fine.

Tout comme celle de la lettre que tu écrivis en avril à Marina :

« Ma petite santé s'améliore mais j'ai continué à maigrir après les vacances de février jusqu'à quarante kilos – Tu sais c'est dans ma tête, je vois bien que je suis assez mince mais je ne peux pas m'empêcher de faire attention à ce que je mange. Je suis de plus en plus faible et je ne peux plus

rien faire, ni sport, ni travail. Je me fais suivre depuis deux semaines par une femme médecin nutritionniste spécialiste des problèmes d'adolescents. Elle est vraiment bien, elle va m'aider. »

Pourtant, au fil des semaines, les kilos continuaient à fondre et elle prit rendez-vous pour toi à l'hôpital du Kremlin-Bicêtre où une pédiatre devait nous recevoir.

Nous étions en mai, la perspective de l'hôpital s'ouvrait pour nous avec toute la crainte de l'inconnu mais aussi l'espoir d'une solution toujours présent dans ma tête.

Tu t'arc-boutais sur tes positions mais tu ne rejetais pas le corps médical, tu aimais qu'on s'occupe de toi, qu'on s'intéresse à toi.

Nous nous sommes donc retrouvées pour la première fois dans la salle d'attente si peu accueillante du service des adolescents que nous avons tant fréquentée par la suite. Une jeune femme est passée, elle nous a plu, nous avons espéré avoir affaire à elle. Elle est bien revenue te chercher et vous êtes restées ensemble pendant un temps qui m'a paru très long.

Je fus ensuite invitée à vous rejoindre. Tu avais les yeux rouges mais tu semblais en confiance.

La pédiatre me déstabilisa d'emblée. « Qu'est-ce que c'est qu'un repas pour vous, madame ? » J'avais l'impression d'être au tribunal, que j'étais la coupable et toi la victime.

Mon juge sembla apprécier ma réponse ; elle se radoucit et m'expliqua qu'elle confirmait le diagnostic de l'anorexie. Elle parla de possible hospitalisation si ton état ne s'améliorait pas. Elle fut à la fois très ferme et très douce avec toi. Elle te prenait en charge et je sentais que j'allais enfin pouvoir m'appuyer sur quelqu'un.

Tu pesais trente-six kilos. En neuf mois, tu avais perdu plus du tiers de ton poids.

La date du bac de français approchait. Tu avais beaucoup de mal à te concentrer sur ton travail. Il fallut faire face à de nombreux moments de découragement. Malgré ta faiblesse, tu réussis à tenir les quatre heures de l'épreuve écrite et à obtenir une note très honorable à l'oral.

Tu venais de passer deux ans au lycée Pasteur. Au cours de la première, tu t'étais « libérée », selon tes propres termes, ne pensant qu'à profiter de la liberté qui te manquait tant à Sainte-Marie. Tu as sûrement fait pas mal de bêtises à cette époque-là ; tu sortais énormément. Tu m'as même avoué beaucoup plus tard avoir, pour t'amuser, été barmaid dans une boîte. Tu côtoyais des gens pas tous recommandables.

Je me souviens d'une Fête de la Musique où tu n'es pas rentrée de la nuit ; l'inquiétude me dévorait. Tu n'as sans doute jamais reçu une telle algarade paternelle.

En guise de punition, tu as dû nous accompagner en week-end à Trégastel ! Cela ne te plaisait pas du tout mais tu as fait contre mauvaise fortune bon cœur. Ton humour t'aidait alors à prendre du recul.

Pourquoi l'adolescente qui ne pensait qu'à s'amuser et à faire les quatre cents coups s'est-elle, l'année suivante, mise à détruire tout ce qui faisait sa beauté et sa joie de vivre ?

Un gène qui sommeillait en toi s'est-il brusquement manifesté ? Un mécanisme s'est-il détraqué dans ton cerveau ? As-tu été déçue par ceux que tu prenais pour des amis et qui ne s'intéressaient qu'à la fille d'un journaliste connu ?

Le lycée ne t'a pas apporté ce que tu en attendais, tu ne te sentais pas épaulée par tes professeurs. Deux d'entre eux se sont pourtant souciés de ton amaigrissement, ils t'ont parlé, écoutée et m'ont convoquée pour tâcher de comprendre ce qui se passait.

Tu as eu envie de retourner à Sainte-Marie que tu avais si ardemment désiré quitter : à l'époque, dès la quatrième, tu avais lutté avec beaucoup de ténacité pour nous convaincre que tu étouffais dans ce collège que tu fréquentais depuis si longtemps.

12

Tu y avais fait ta première rentrée en septembre 1980, en classe de onzième. Tu étrennais le tablier rose, uniforme des petites. Dorothée avait inauguré le même et Morgane, qui allait naître dans quelques mois, prendrait votre succession. Ce tablier n'était vraiment rose que le lundi ; au cours de la semaine, il se couvrait de taches de peinture ou de stylo feutre sur le devant, de sable ou de boue sur l'arrière, selon vos jeux dans la « cour à cailloux » où vous passiez vos récréations. Le vendredi, vous rapportiez au fond de votre cartable un infâme chiffon que seul votre prénom brodé sur le devant permettait de reconnaître.

Avec ce tablier sur le dos, vous faisiez partie de la « division des roses » sous la houlette de

Mlle Delteil que des générations d'élèves ont aimée.

Elle avait l'air toujours pressée, courant de l'une à l'autre pour consoler ou gronder gentiment ; elle vous emmenait chercher un bonbon ou une image dans son bureau plein de trésors, sa manière de vous enseigner le catéchisme n'était pas très moderne mais sa foi était si grande qu'elle aurait bien pu vous transformer toutes en anges !

Le trajet entre la maison et le petit collège n'est pas bien long ; au début, je faisais toutes les conduites et puis la fatigue de l'attente et de l'arrivée de Morgane m'ont amenée à me décharger des retours de classe sur Arnaud qui devait passer te chercher. Cela n'a pas marché longtemps, tu l'attendais souvent parce qu'il traînait avec ses copains. Parfois les portes s'étaient refermées et tu te morfondais seule dans la cour. Tu te sentais la petite sœur qu'il houspillait et qu'il traitait de haut. Tu as très vite préféré rentrer toute seule.

Ton Bon-Papa qui empruntait le boulevard en voiture aux mêmes heures que toi t'apercevait. D'un air attendri et un peu réprobateur, il nous reprochait de t'abandonner, il me racontait que pas une fois il ne t'avait vue marcher normalement, tu sautillais d'un pied sur l'autre tout au long du trottoir. Il te trouvait adorable avec ton manteau rouge et ton chapeau cloche à rayures. Que te racontais-tu alors, petite fille bien sage en sortant de l'école ?

Pour évoquer cette petite fille studieuse, j'ai demandé à tes anciennes amies de classe de fouiller au fond de leurs souvenirs.

Alexia me raconte qu'elle était un peu jalouse de toi en dixième :

« Solenn arrivait toujours à se faire aider en dictée par notre professeur. Pour moi, à cette époque, elle n'avait aucun mérite à avoir de bonnes notes ! »

Tu t'étais vite aperçue en effet que la maîtresse te marquait une préférence et ce statut de chouchoute te facilitait bien les choses. Tu as eu quelques problèmes quand cette dernière, malade, a dû se faire remplacer. Tes notes ont soudain accusé une baisse certaine mais tu as vite rétabli la barre.

Tout au long de ces années d'école primaire, tu as été une élève honorable, tu ne faisais pas d'étincelles. Tu avais de la facilité mais tu n'en rajoutais pas et jamais je ne t'ai sentie angoissée par un contrôle ou un devoir. Tu étais de celles sur lesquelles les professeurs ont un jugement positif : « Enfant intelligente et agréable qui ne donne peut-être pas toute sa mesure. »

En huitième, la perspective de la classe de mer donnait à votre train-train d'écolières un piment supplémentaire. Pour toi et beaucoup d'autres, c'était la première vraie séparation d'avec le milieu familial. Grâce aux récits que je t'en ai fait, tu y es partie enthousiaste et puis Locquirec, votre lieu de séjour n'était pas très dépaysant pour toi.

Gaëlle, une de tes compagnes, se souvient :

« Je revois Solenn amusée à l'idée de devoir créer avec des artifices mis à notre disposition un véritable costume de Bigouden. Il y avait aussi les courses effrénées pour les fameuses "tartines de pomme" où les plus organisées, dont Solenn faisait largement partie, parvenaient à subtiliser la part revenant à leurs camarades.

A Solenn

» Alors que nous nous efforcions toutes de collectionner sur nos portes les fleurs symbolisant l'ordre de nos chambres, Solenn prenait un malin plaisir à s'en moquer, c'était pour elle un véritable pied de nez aux exigences de nos professeurs qu'elle trouvait puériles du haut de ses huit ans. Elle nous a toujours devancées sur le plan de la maturité ! »

Tu es revenue avec un magnifique cahier illustré de toutes les découvertes faites au cours de ce séjour à l'île Blanche. J'y étais moi-même venue avec mes élèves l'année où je te portais en moi comme un signe d'espérance. Bien au chaud dans la bulle maternelle, tu m'avais sans doute entendue parler de la légende de la ville d'Ys ou de Notre-Dame-de-la-Clarté. Ce n'était alors pour toi que la musique de ma voix, mais l'écho qui t'en arrivait neuf ans plus tard en gardait peut-être encore le souvenir inconscient.

Ce cahier est aujourd'hui très précieux pour nous, tu l'as miraculeusement épargné lorsque tu as détruit tout ce que tu avais conservé et qui aurait pu nous livrer un tant soit peu de ton intimité. Tu ne voulais sans doute pas nous donner les clés de ton mystère.

La petite fille effrontée et un peu rebelle dont parlent tes amies de classe ne ressemble pas à l'image que nous nous faisions alors de toi.

Granny qui t'accueillait fréquemment en Normandie te décrit ainsi :

« La douce, très douce Solenn grandit, jolie, si calme, petite fille aux cheveux de lin avec son petit grain de beauté rigolo sur la joue. Elle parle peu aux grands, répond aux questions d'un hochement de sa jolie tête blonde et ne se livre pas facilement. Avec ses poupées c'est tout autre chose : elle leur fait la classe avec le sérieux d'une vraie petite bonne femme. D'ailleurs, quand elle sera grande elle sera maîtresse, comme Maman. »

Tu adorais tes petits séjours à Andé. Tu avais ta grand-mère à ton entière disposition pour les coloriages, les séances de maquillage et le bonheur de faire de la pâtisserie dans la belle cuisine. Tu triturais tellement la pâte qu'elle devenait grise. Lorsque la tarte apparaissait au dessert, chacun s'accordait à la trouver la meilleure du monde et tes grands-parents fondaient de tendresse devant ta fierté.

Ils venaient souvent à Trégastel, ils vous y firent à Morgane et à toi un cadeau magnifique. Ils vous emmenèrent à Lannion dans le plus grand des secrets.

Je garde toujours présent en ma mémoire votre plaisir quand les deux bicyclettes furent extraites de la voiture, une rose à petites roues pour Morgane, et un vrai vélo bleu de grande fille pour toi. Vous étiez si mignonnes dans vos robes d'été posant devant le massif d'hortensias pour Papy qui immortalisait l'instant avec son appareil. Après cela, plus une petite route de Saint-Samson, plus un seul chemin de Tourony n'eurent de secret pour vous !

« *La petite fille bien sage, presque modèle* » de Granny, l'infatigable compagne de Mélanie, l'écolière déjà un peu contestataire ne sont que quelques-unes des facettes de ton enfance. Cette enfance-là, tu l'as beaucoup aimée. Plus tard, quand tu en parlais, tu étais persuadée de ne pouvoir jamais retrouver une telle plénitude.

Sandrine, une amie d'Arnaud, proche de toi

entre ta douzième et ta dix-huitième année, a connu aussi des difficultés alimentaires, et décrit l'anorexie comme « *la conséquence d'un pressentiment, le miracle d'une intelligence extra-lucide qui fait prendre conscience que plus on avance dans la vie, plus l'Idéal se brise contre le roc glacé de l'existence. Alors, on doit se préserver de cette souffrance et, pour conserver l'esprit de l'ange qu'on était avant la naissance, on repart sur les traces de l'enfance* ».

Est-ce pour cela que tu as mis tant d'acharnement à effacer ton corps de femme en cette année où rien ni personne ne pouvait te faire changer de cap ?

13

En juin 1992, ton état empirait, tous les arguments de ton médecin pour essayer d'infléchir ta volonté restaient lettre morte. Il aurait fallu t'hospitaliser mais comme le service des adolescents fermait au mois d'août, on ne pouvait pas te prendre en charge.

Commença alors pour moi l'angoisse de tous les instants. L'été s'ouvrait comme un gouffre dans lequel tu allais t'enfoncer.

Nous nous bercions encore d'illusions quand des projets te faisaient briller les yeux.

Tu accueillis avec un immense enthousiasme la perspective d'un stage au journal *Elle*. Tu en rêvais ! Tu y rencontras une charmante jeune femme dont l'amitié ne devait jamais se démentir.

Le déclic tant attendu ne se fit pas, la curiosité qui t'animait tomba très rapidement et ton goût de vivre recommença à battre de l'aile.

Alors, vite, Patrick, déstabilisé par ta détresse, inventa une nouvelle idée pour distraire ta mélancolie : un voyage au Danemark et en Suède. Nous avons emmené avec nous Brigitte, une de nos amies très chères que tu aimais beaucoup. Nous espérions que son optimisme inébranlable déteindrait sur toi.

Nous comptions aussi sur elle pour détendre l'atmosphère lors de l'épreuve tant redoutée des repas.

A Copenhague, un vent frisquet soufflait sur la Petite Sirène échouée à deux mètres du rivage. Frigorifiée, comme d'habitude, tu n'as pas voulu te déchausser. Les bras paternels t'ont soulevée pour te déposer tout contre la statue. Tu ne pesais pas plus lourd qu'une plume et on sentait tes os à travers les épaisseurs de vêtements.

En flânant dans les rues danoises, nous sommes toutes les deux tombées en arrêt devant un magasin magnifique : le temple du point de croix !

Une profusion de coussins, de nappes, de

cadres brodés de motifs plus jolis les uns que les autres : des bateaux, des arbres, des plumes et les maisons de toutes les couleurs du port de Copenhague.

Dans le domaine du « point compté », tu en étais à tes premières armes, je t'avais transmis ma passion et l'élève allait bientôt dépasser le maître.

Pendant les heures d'isolement à l'hôpital, avec la minutie que les anorexiques apportent à tout ce qu'elles touchent, tu as brodé deux hortensias ravissants – l'envers de l'ouvrage est presque aussi net que l'endroit !

Spécialiste des broderies sur tee-shirts, tu en as fait pour moi, pour Dorothée, pour ta cousine Pauline, sans pouvoir achever celui que tu destinais à Morgane. Tu en avais choisi le modèle avec amour : deux adorables petits singes qui se câlinent.

L'été dernier, avec beaucoup d'émotion, j'ai mis mes points dans les tiens, je l'ai terminé. Je pense qu'il t'aurait bien plu.

Après ce voyage nordique, il a bien fallu s'installer à Trégastel. Malgré toute notre bonne volonté, tu t'étiolais, tu ne voulais plus voir personne. Tu passais le plus clair de ton temps recroquevillée sur le canapé comme une petite momie ou pelotonnée devant le feu. Gelée en permanence, en plein mois d'août, tu allumais tous les radiateurs de la maison. Certains jours, tu ne voulais pas te lever. Combien de fois ai-je hésité devant ta porte. Fallait-il te laisser tranquille ou t'obliger à réagir ?

Ma main tremblait en appuyant sur la poignée, j'avais la hantise de te trouver sans vie, tant ta faiblesse devenait grande.

Je t'en voulais de me faire revivre le cauchemar du matin où j'avais découvert Tiphaine inanimée dans son berceau.

J'aime les fins d'été, la douceur de la lumière, les plages désertées. Je recule toujours habituellement le moment du retour.

Cette année-là, le temps s'étirait au rythme de ton cafard, de notre angoisse, de ta volonté destructrice, de notre impuissance. Une seule idée me poursuivait : rentrer le plus vite possible pour rejoindre une aide médicale et mettre fin à cette descente aux enfers.

Retrouvailles émouvantes avec ton médecin. A l'annonce de sa décision de t'hospitaliser, tu fondis en larmes, Caroline te prit doucement dans ses bras et trouva les mots pour te calmer. Tu tentas une ultime échappatoire en nous promettant de gigantesques efforts. Elle fut intransigeante et tu rendis les armes.

Pour l'honneur, tu voulus effectuer la rentrée à Saint-Dominique où nouveaux professeurs et condisciples n'auraient guère le temps de faire ta connaissance. Quelques heures de cours à peine. Le 11 septembre 1992, nous prenions le chemin de l'hôpital.

14

Avant de t'accompagner jusqu'à ta chambre de Bicêtre, laisse-moi repenser à l'adolescente insouciante que tes amies des années Sainte-Marie ont aimée et admirée.

Parmi elles, Emilie avait une place privilégiée. Ta confidente la plus proche a bien voulu partager un peu de votre intimité :

« Solenn m'a appris ce que voulait dire l'amitié : ne rien se cacher, ne pas avoir peur de la réaction de l'autre devant ce que l'on peut faire ou dire, savoir que l'on ne sera pas jugé. C'est aussi pouvoir consoler, rire, ce qui fut souvent le cas avec Solenn, et discuter des heures entières.

» C'est en sixième que je l'ai rencontrée ; peu à peu, nous sommes devenues inséparables. Il s'est instauré des sortes de rites entre nous.

» Les réunions du mercredi appelées les "mercredis Finger", parce que nous parlions tout en croquant inlassablement des Fingers. Les discussions étaient réservées à la construction de notre avenir ; nous devions partager le même appartement et devenir enseignantes toutes les deux pour pouvoir nous voir tout le temps et avoir beaucoup de vacances...

» Les après-midi shopping durant lesquels nous parcourions Paris à la recherche de nouveaux magasins.

» Nos innombrables séances d'essayage n'étaient pas toujours considérées d'un bon œil par les vendeuses, surtout le jour où, après avoir essayé tous les articles de la boutique, nous avons acheté deux tee-shirts identiques de couleurs différentes pour pouvoir nous les échanger.

» La lecture et le cinéma nous occupaient aussi beaucoup. Nous échangions nos livres pour en discuter ensuite. Notre livre-culte était Rebecca. *Notre film préféré,* Grease.

» Nous avions notre chanson fétiche que nous écoutions des journées entières : You Are Everything *de Marvin Gaye et Diana Ross.*

» Nous avons fait toutes les deux un stage

d'anglais en Mayenne. Notre complicité fut la source de nombreuses punitions qui se passaient dans la joie et la bonne humeur. Nos nuits furent extrêmement courtes car nous partagions la même chambre. En y repensant j'ai même l'impression que nous nous endormions en parlant.

» Et puis il y eut l'arrivée de sa Vespa 50 et son baptême, car Solenn avait décidé de l'appeler "Emile", en mon honneur. Je la vois encore arriver et me le présenter, car elle ne me le montrait pas, elle me le présentait ; j'étais extrêmement flattée, et depuis, nous ne l'appelions que par son prénom. »

Avec ce fameux scooter, tu as enfourché la liberté, tu en as usé et abusé. Grâce à lui, Paris n'a bientôt plus eu de secrets pour toi, et malgré l'interdiction qui t'en était faite, tu as promené beaucoup de monde derrière toi.

Un jour, tu es rentrée en larmes : dans une rue du quartier Latin, sous la menace d'un couteau, deux petits voyous t'avaient arraché ton cher « Emile ». La lâcheté des automobilistes et des piétons qui n'avaient pas esquissé un geste pour te venir en aide te révoltait plus encore que la perte de ton engin préféré.

Un remplaçant identique a pris la relève, compagnon fidèle des bons et des mauvais jours.

Il n'avait certainement aucune envie de te conduire à ce funeste métro, mais tu ne lui as pas demandé son avis, et jusqu'au dernier instant, tu t'es souciée de lui. L'ultime mission dont tu nous avais chargés était de le récupérer. Ce que Patrick et Dorothée firent le soir même.

Aujourd'hui encore, quand j'aperçois de longs cheveux blonds sous le casque d'une jeune fille chevauchant une Vespa blanche, j'ai quelques instants l'illusion que je vais te doubler et apercevoir ton sourire lumineux dans mon rétroviseur.

15

Emilie n'évoque aucun souvenir scolaire et pourtant elle a partagé avec toi tes années au grand collège. Vous avez tremblé à chaque rentrée à l'idée de ne pas être dans la même classe. Vous avez maudit l'uniforme, refusé d'acheter de nouveaux tabliers et gardé ceux du primaire qui devenaient beaucoup trop courts et qu'il fallait découdre aux emmanchures pour pouvoir loger vos poitrines naissantes.

Tes amies de l'époque, Gaëlle, Alexia ou Aude dépeignent une élève qui ruait gentiment dans les brancards, qui aimait s'amuser et se servir de son charme pour obtenir ce qu'elle voulait. Tu étais, paraît-il, têtue, forte, directe, quelquefois un peu trop franche.

Avec ces trois-là et bien d'autres, vous avez abondamment critiqué l'ordre établi, l'autorité et la discipline que vous imposaient vos « chères bonnes sœurs ». Vous aviez l'impression de grandir dans un système de pensée imposé et pesant.

Vous avez aussi passé de très bons moments.

Les témoignages se recoupent tous autour des cours de gymnastique pendant lesquels tu te débrouillais pour en faire le moins possible. Tu n'avais pas grand goût pour l'endurance et trouvais souvent un bosquet derrière lequel te dissimuler, invoquant un point de côté ou un léger malaise.

Elles se souviennent aussi d'un jour où, venant de sauter, tu t'étais écroulée avec une effrayante grimace de douleur. Tu restais prostrée. Toutes étaient persuadées que tu t'étais blessée. Tu as fini par saisir sur ton épaule un cheveu, tu l'as brandi en sanglotant, accusant ta chute de l'avoir cassé !

Tu n'étais apparemment pas la dernière à faire de temps à autre du mauvais esprit pour amuser la galerie. Les messes auxquelles vous deviez assister chaque semaine semblaient, aux dires de Gaëlle, *« bien moins longues et silencieuses grâce à l'humour de Solenn qui prenait un malin plaisir à nous raconter des anecdotes croustillantes à un moment-clé de la cérémonie »*.

Mais, pour toutes, c'est vraiment le fameux voyage à Rome qui reste le plus vivant et le plus présent. Vous étiez en troisième. Tu as été émerveillée par cette ville fascinante et par la richesse de ce séjour que vous aviez tant préparé.

Ces quelques jours passés dans les saints murs du Vatican ne semblent pas vous avoir vraiment assagies.

Les longs couloirs du couvent permettaient de nombreuses balades nocturnes interdites avec, en prime, de mémorables fous rires.

Lors d'un spectacle improvisé, tu as défilé vêtue d'une toge confectionnée avec tes draps. Un brin provocante, tu as pris plaisir à déclencher la réprobation des professeurs.

Et puis, avec une dizaine de tes camarades, vous avez intentionnellement raté un rendez-vous fixé avec l'ensemble du groupe. Vous aviez envie de goûter en toute liberté les charmes de Rome. Vous avez déambulé, dégusté des glaces et fini par vous perdre réellement.

Heureusement le Vatican n'est pas trop difficile à retrouver, vous êtes même rentrées avant tout le monde.

C'est dans ta chambre que s'est tenu le conciliabule pour tenter de trouver une explication plausible à votre « fugue ». Assise sur ton lit, tournant le dos à la porte, tu pérorais et riais aux éclats sans savoir que la responsable du voyage écoutait avec intérêt les arguments que tu imaginais...

« Tout au long de ces années passées à Sainte-Marie, Solenn offrait l'image d'une jeune fille épanouie, grisée par les nouvelles rencontres. A aucun moment, elle ne laissait transparaître la moindre parcelle de souffrance existentielle, elle croquait la vie à pleines dents. »

C'est bien l'image qu'elles conservent toutes de toi. Elles t'enviaient parce que tu n'avais pas connu d'âge ingrat, tu étais passée directement de l'enfant à la jeune fille. Elles admiraient tes tenues vestimentaires, elles auraient souhaité connaître autant de gens que toi. Tes premières sorties précoces les subjuguaient.

16

Sur cette vie nocturne, sur tes fréquentations d'alors, tu as jeté un voile bien opaque. Tu protégeais ton intimité par tous les subterfuges que tu imaginais pour avoir les coudées franches et faire le maximum d'expériences sans éveiller nos soupçons.

J'ai voulu vous laisser profiter de cette liberté qui m'avait tant manqué dans mon adolescence. Ton frère et tes sœurs ont su l'apprivoiser mais, dans ta soif d'absolu, tu t'es brûlé les ailes.

Je n'ai pas su voir le danger. Tu cachais bien ton jeu. Je n'ai sans doute pas été assez vigilante. En réalité, tu échappais à tout contrôle et ton obstination triomphait de mon désir de protection. Que de nuits blanches passées à attendre ton retour !

Un jour, des événements, des déceptions, ont dû saper petit à petit ton bel enthousiasme et la confiance que tu plaçais dans ton entourage. Tu as renié cette fille superficielle qui ne pensait qu'à s'amuser, cette belle plante dont seule, croyais-tu, l'apparence physique intéressait les garçons.

Peut-être as-tu cru que ton corps n'était que le prisme déformant de ta réalité, alors tu as inconsciemment décidé de le gommer, d'effacer toutes ses rondeurs qui te faisaient horreur.

Le mystère de cette transformation, ni toi, ni nous, ni tes amis, ni les médecins plus tard, n'ont réussi à l'expliquer. Toujours est-il qu'une force inimaginable s'est emparée insidieusement de toi, te conduisant en un an aux portes de l'hôpital qui allaient se refermer pour une durée que nous ne connaissions pas.

On nous avait parlé de contrat de poids, d'isolement, tout cela restait heureusement abstrait pour toi.

Pour éviter l'angoisse qui nous enserrait toutes les deux, nous nous sommes étourdies dans les préparatifs.

Nous avons rencontré ton professeur principal pour te rassurer et organiser ton travail scolaire à distance.

La liste des petites courses à faire ressemble à un inventaire à la Prévert : quelques vêtements confortables et si petits qu'ils furent difficiles à dénicher, un décodeur parce que l'hôpital ne recevait pas Canal +, une plante verte, seul témoin d'une nature dont tu serais privée pendant des semaines. Et un puzzle pour occuper tes longues heures de solitude. Tu as choisi un tableau de Gauguin dont la lumière exotique chasserait tes sombres pensées.

Nous étions tous persuadés que tu sortirais guérie de ce service des adolescents où nous débarquions avec armes et bagages en cet après-midi de septembre. La surveillante qui nous accueillit fut un peu éberluée par l'amoncellement de paquets autour de ta frêle personne.

Dans ses *Lettres à l'absente*, Patrick t'a raconté pourquoi il avait préféré partir en reportage en Somalie à ce moment-là ; j'avais donc demandé à Arnaud de nous aider et de me soutenir, je craignais qu'au dernier moment tu te révoltes ou que tu craques complètement. Je n'étais pas bien sûre d'avoir la force de faire face à une telle éventualité. Il n'a sans doute jamais réalisé à quel point sa présence m'avait réconfortée.

Dans le service spacieux et clair, la plupart des portes étaient ouvertes, filles et garçons allaient et venaient librement. Au centre, dans un vaste espace entouré d'un comptoir, les infirmières se tenaient à la disposition de tous et pouvaient faire face à la moindre alerte.

On nous conduisit à ta chambre : grande, prévue pour deux lits, tu allais l'avoir pour toi toute seule pour cause d'isolement. De la fenêtre qui s'ouvrait à peine, au-delà du périphérique, on avait une vue très étendue sur Paris.

Pour ne pas trop m'attendrir entre ces murs laqués et vides qui seraient ton seul univers pendant des mois, j'ai laissé Arnaud t'aider à t'installer, et je me suis échappée pour remplir les formalités d'admission. A mon retour, vous m'avez semblé détendus et souriants. Ces instants si rares d'intimité entre vous deux t'ont certainement permis de mieux vivre cette épreuve, ils doivent rester aujourd'hui pour

A Solenn

Arnaud un beau souvenir de sa petite sœur et de son courage.

Tu as brusqué les adieux, nous nous sommes dit des mots d'espoir, il n'y eut aucune larme et tu nous as gentiment poussés dehors.

17

Plus tard, tu nous as raconté ce qu'avait été le lendemain. Tu as voulu sortir de ta chambre. On t'y a reconduite en t'expliquant que tu n'avais pas le droit de la quitter, que ta porte devait toujours rester fermée. Tu as soudain réalisé combien ta condition ressemblait à celle d'une prisonnière et tu t'es effondrée. Tu étais complètement coupée du monde, tout contact épistolaire ou téléphonique avec l'extérieur était interdit.

Caroline a dû déployer beaucoup de douceur et de persuasion pour te redonner une minuscule lueur de confiance et vous avez toutes les deux signé le fameux contrat de poids. Le jour où tu atteindrais trente-sept kilos, ta vie de recluse prendrait fin.

Ces six kilos étaient un sésame, mais l'idée

d'avoir à les reconquérir représentait un supplice pour toi et tu essaierais souvent de tricher, en buvant beaucoup avant de passer sur la balance !

Cet isolement devait te permettre un retour sur toi-même et une réflexion pour faire le point et essayer d'analyser ton mal-être. Je reste aujourd'hui très sceptique sur son utilité, il n'a d'ailleurs pas été renouvelé par la suite. Il n'a fait que favoriser ta tendance au repli intérieur. Tu t'étais coupée depuis longtemps de tous tes amis. N'aurait-il pas mieux valu favoriser des relations avec autrui ?

En te laissant vingt-quatre heures sur vingt-quatre face à toi-même, tu n'allais certes pas cesser d'être taraudée par tes obsessions de poids et de nourriture. Elles occupaient tant de place que tu ne parvenais même plus à ressentir la moindre émotion.

Tout ton corps affaibli à l'extrême marchait au ralenti, ton cerveau lui aussi s'était engourdi, tu avais beaucoup de peine à te concentrer et tu ne faisais aucun effort pour coopérer avec les psychologues de l'hôpital.

Peut-être fallait-il te séparer de nous pour

que tu puisses te « retrouver » loin de l'atmosphère familiale. Nous étions prêts à le comprendre, mais aucun médecin par la suite n'a privilégié cette solution.

Toute la famille guettait les nouvelles que je venais chercher chaque semaine à l'hôpital sans avoir le droit de te voir. Caroline me racontait les hauts et les bas, les grammes que tu grappillais. Je repartais tantôt gonflée d'optimisme, ou plus souvent rongée par l'angoisse, toujours frustrée de me rendre dans ces murs sans pouvoir t'entrevoir.

Ton père a raconté mieux que personne ton enfermement, sa souffrance, la nôtre. Je voudrais juste avouer que pour Morgane et moi qui partagions ta vie de chaque instant, cette hospitalisation a été un soulagement. Tu étais en lieu sûr, on te soignait, on t'entourait, il n'y avait plus de danger et la pression que tu exerçais sur nous pouvait se relâcher un peu.

C'est sans doute pour cela que, chaque fois que tu as été hospitalisée, j'emmenais Morgane le soir même au *Mac Do*. Nous avions besoin de prendre notre revanche sur la nourriture et de pouvoir savourer des frites loin de ton regard désapprobateur.

Lors d'un de nos entretiens, Caroline m'avait conseillé d'assister aux réunions de parents d'anorexiques qui avaient lieu tous les mois à l'hôpital. Je suis sortie de la première rencontre émue et catastrophée : chacun à son tour racontait à sa manière la maladie de son enfant. Malgré les différences familiales, toutes ces filles te ressemblaient étrangement, c'était comme si vos personnalités étaient prisonnières d'un moule qui modelait vos pensées et vos comportements à l'identique et faisait de vous des photocopies les unes des autres.

Nous, parents, étions embarqués sur la galère de l'impuissance. Nous nous heurtions à votre farouche détermination avec les mêmes questions, les mêmes souffrances, la même angoisse.

Il y avait aussi de l'exaspération, de l'épuisement, mais surtout un amour infini pour chacune d'entre vous.

Nous nous réjouissions des bonnes nouvelles des unes ou des autres pour souvent compatir, à la réunion suivante, l'espoir n'ayant été qu'un feu de paille.

Dans cette salle, en écoutant tous ces témoignages, j'ai compris que tu ne quitterais pas guérie la chambre où tu étais enfermée juste au-dessous de moi. Tu reprendrais quelques kilos, tu ferais semblant d'aller mieux pour regagner ta liberté mais sitôt la porte de l'hôpital franchie, tu t'empresserais d'amorcer la dégringolade tant redoutée.

C'est ce qui est arrivé. Au cours de cette année scolaire de terminale, tu as été hospitalisée six mois. La deuxième fois, en février 1993, malgré la révolte extrême que tu as manifestée, et enfin en juin et juillet où tu réussis à atteindre l'objectif de trente-deux kilos qu'on t'avait fixé ! La barre était de moins en moins haute. A force de persuasion, tu étais parvenue à rabaisser les exigences du corps médical.

Il n'était plus question de bac, il fallait à nouveau affronter l'été qui ne se passa finalement pas trop mal entre des stages à la télévision, un séjour d'anglais en Mayenne, et quelques jours à Trégastel, où nous avons essayé, toi et moi, de minimiser l'importance d'une première crise de boulimie.

Avec le recul, cette année dans le cocon protecteur du service des adolescents et avec l'aide de Caroline aura été pour moi la moins lourde à porter.

Je ne pourrai pas en dire autant de ce qui va suivre. Très brutalement, la boulimie s'impose à toi, te dévore, ta souffrance s'en est trouvée décuplée.

18

Nous nous sommes d'abord réjouis, tu regrossissais, tu reprenais l'apparence d'une jeune fille normale. Nous continuions à nous rendre chaque semaine à l'hôpital. Tu voyais aussi régulièrement une psychiatre, le docteur Sophie C., que la Providence avait mise sur mon chemin et qui avait eu l'heur de te plaire.

Pour tenter de retracer le cauchemar que ces longs mois ont été pour toi et pour nous, pour ne pas rentrer dans des détails que tu n'aimerais pas que je dévoile, je vais retranscrire le journal que je tenais à l'époque.

Fin août, début septembre 1993.

Stage à TF1. Solenn décide de continuer le stage jusqu'à la Toussaint. Tout en suivant les cours de philo à Saint-Do.

10 septembre.

Très grosse crise de boulimie. Dix heures du soir. M'appelle au secours par le téléphone intérieur. Souffre énormément. Médecin de nuit très désagréable. Injection d'antispasmodique.

Semble se calmer.

Se sauve à l'hôpital du Perpétuel-Secours où elle simule une tentative de suicide pour avoir un lavage d'estomac.

S'arrête de manger pendant plusieurs jours.

Vendredi 24 septembre.

Reste couchée tout le week-end sans s'alimenter.

Vendredi 1er octobre.

Week-end seule avec Morgane, cela se passe bien.

Jeudi 7 octobre.

Deuxième crise de boulimie.

Appelle le Kremlin-Bicêtre. On arrive à la calmer.

Vendredi 8 octobre.

Téléphone de Caroline R. Très inquiète de l'état de Solenn.

A Solenn

Samedi 9 octobre.

Téléphone du docteur C. qui a vu Solenn le matin.

Préconise une hospitalisation dans le service de la Cité Universitaire ; cela ne peut se faire que si c'est Solenn qui le demande.

Je discute avec Solenn. Elle ne veut pas grossir mais répète qu'elle n'arrive plus à travailler intellectuellement, elle est paniquée par la boulimie. Discours complètement buté sur l'inutilité de la vie puisqu'elle se termine par la mort. Pas la peine de manger puisqu'on arrive à vivre comme cela.

Jeudi 14 octobre.

Solenn réclame l'hospitalisation.

Lundi 18 octobre.

Elle pèse 33 kg. Rendez-vous avec le professeur J. à la Cité Universitaire. Il veut garder Solenn. La remet aux mains d'un médecin qui la bute complètement.

Elle fait semblant d'accepter l'hospitalisation. Nous retournons chercher ses affaires, en arrivant à la maison, elle téléphone à l'hôpital pour dire qu'elle ne viendra pas.

A Solenn

Vacances de la Toussaint.

Trégastel. Nombreuses crises de boulimie.

Retour à Paris.

La situation se débloque, elle va mieux, grossit vite mais ne maîtrise pas très bien son comportement alimentaire.

Reprend les cours plus régulièrement.

Prozac Kiné.

Mardi 30 octobre.

38 kg.

Dimanche 18 novembre.

Elle avale vingt-trois comprimés de Tranxène. Nous la transportons en urgence au Perpétuel-Secours.

Semaine désastreuse, dort toute la journée dépression et boulimie.

Début décembre.

Week-end très réussi à Madagascar avec Patrick pour le Raid Gauloises.

11 décembre.

18 ans. Ne veut pas fêter son anniversaire.

14 décembre.
Très grosse déprime à cause de son poids.

Vacances de Noël.
Bonnes. Retrouve sa gaieté. Rires avec Morgane.
Visite au Kremlin : 46,6 kg.
Reçoit à la maison une anorexique en permission, elles se débrouillent bien.

8-9 janvier 1994.
Week-end à Courchevel. Redécouvre la joie de pouvoir faire du ski avec son père.

12-13 janvier.
Boulimie. Grosse crise de déprime. Besoin de combler quelque chose par la nourriture, ne sait pas quoi.

12 au 18 janvier.
Bac blanc, sèche l'histoire et l'espagnol, reste couchée.

29-30 janvier.
Bon week-end à Megève avec Patrick et Morgane.

1er février.
Enregistrement de Bas les masques. *Rendez-*

vous 12 h 30. Je la trouve à midi en pleurs dans son bain, ne veut plus y aller. Je la raisonne. Part en larmes. Aucune nouvelle jusqu'au soir mais tout s'est bien passé.

2-3-4 février.
Semaine cahin-caha.

Vendredi 4 février.
Montage de Bas les masques. *Rentre contente mais refuse de partir à Gérardmer avec Patrick.*

Samedi 5 février.
Se loue la cassette des Visiteurs.
Regarde avec nous la soirée des Restos du Cœur. Semble très calme et détendue.
A 2 h du matin, je l'entends descendre. Je la trouve bizarre, elle titube et parle avec difficulté. Je m'aperçois qu'elle a bu du champagne. Je suis terrifiée.
J'essaie de voir si elle a pris des médicaments ; je ne trouve aucune boîte vide dans sa chambre. Je mets les choses sur le compte du champagne. Je me lève plusieurs fois pour voir si elle va bien, elle dort profondément et régulièrement.

Dimanche 6 février.

Je ne la réveille pas, continue à la surveiller.

Vers 15 h, Morgane va la voir, revient en larmes. Solenn n'arrive pas à parler ni à coordonner ses mouvements, ne se souvient de rien.

Inquiétude horrible, je vais fouiller la grande poubelle et découvre des tas de boîtes et de plaquettes vides.

Arnaud m'aide à la transporter au Perpétuel-Secours où on lui administre des antidotes.

On m'appelle vers 22 h, je vais la voir, elle est très mal, très négative, regrette d'avoir raté son coup.

Lundi 7 février.

Patrick va la voir, elle est mieux. L'après-midi, elle se sauve, arrive à la maison en pyjama, ne se souvient plus de rien, je la ramène avec Arnaud.

Pendant ce temps, le docteur C. lui trouve une place à Cochin pour qu'elle soit suivie psychologiquement.

Mardi 8 février.

Transférée en ambulance à Cochin le matin. Elle se sauve par la fenêtre et arrive en taxi en pyjama à la maison. Elle veut retourner au Perpétuel-Secours où on l'accepte.

Vendredi 11 février.

Je pars pour la Nouvelle-Zélande avec Patrick, tout se passe bien pendant notre absence. Dorothée s'occupe beaucoup d'elle. Bons dialogues entre les deux sœurs.

Dimanche 20 février.

Sort de l'hôpital, part pour Cambridge avec des élèves de sa classe. Bon début de séjour, fin de semaine plus difficile : boulimie.

28 au 4 mars.

Semaine effroyable. Déprime, ne veut plus voir personne, ne veut plus aller en classe, ne sort pas de la maison.

Elle veut se faire hospitaliser pour stopper la boulimie, obtient un rendez-vous avec le professeur J. qui lui dit qu'elle est sur le chemin de la guérison, qu'elle va aller mieux. Elle sait qu'il se trompe.

Vendredi 4 mars.

J'ai rendez-vous avec le docteur C. qui ne veut pas entendre parler de cure d'amaigrissement. Elle ne préconise pas cet éloignement que Morgane et moi réclamons.

Solenn est furieuse, on ne lui propose pas de solution. Elle prend rendez-vous avec un chirurgien esthétique. Elle est très mal, nous sommes tous très inquiets et épuisés.

A 22 h, elle se décide à sortir.

Rencontre de Boris et résurrection.

Bon week-end.

Semaine du 7 au 11 mars.

Très bonne semaine. Retourne en classe. Sort tous les soirs, s'achète des vêtements qui lui vont très bien.

Presque aucun repas pris à la maison.

19

Je ne sais pas pourquoi j'ai arrêté là cette litanie laconique. Elle exprime à chaud ce que furent ta détresse et notre impuissance. Tu luttais de toutes tes forces mais ton ennemi était machiavélique.

Dans la tempête, il y eut quelques accalmies, des moments de bonheur retrouvé. Tout le monde se mettait à espérer.

Tu es tombée amoureuse de Grégory. Tu étais tellement heureuse que tu le clamais sur tous les toits, tu resplendissais.

Avec le concours de ton père, tu as voulu offrir à ton nouvel amour une très belle surprise : tu l'as emmené passer une nuit dans un grand palace parisien. Tu étais au septième ciel, tu semblais retrouver la paix. Tu es partie avec lui au Maroc, mais tu es revenue seule bien avant la fin du séjour. Tu demandais à ton amoureux de t'étonner tous les jours, tu ne voulais pas d'une relation qui s'installe dans le train-train.

A partir de ce moment-là, tout ce que nous avons essayé d'imaginer pour t'intéresser, te distraire ou t'aider a tourné court. Tu commençais par t'engager à fond dans la nouveauté et au bout de quelques jours tu lâchais prise et abandonnais.

Il y eut une cure de thalassothérapie à Hendaye, plusieurs séjours dans une clinique diététique, un travail de vendeuse dans un magasin de prêt-à-porter, des vacances dans le Midi avec Arnaud et ses amis. Tu semblais très heureuse au milieu d'eux, surtout auprès de Stéphanie que tu trouvais géniale. Tu les as quittés brusquement pour revenir seule à Neuilly et t'enfermer sans nous donner aucune nouvelle, sans répondre à nos appels. Tu avais encore décidé d'abandonner le combat, heureusement tu n'en as pas trouvé le courage. L'insistance de Patrick au téléphone a eu raison de ton obstination et tu as accepté de venir nous rejoindre à Trégastel.

A Solenn

Une nouvelle année scolaire se profilait, une fois de plus tu avais reculé devant l'obstacle du bac. Tu as voulu t'inscrire dans une nouvelle école, le Cours Pascal.

Ta présence en classe ne fut pas très assidue.

Voilà pourtant la belle image qu'une de tes camarades, Eulalie, garde de toi :

« *Arrivant en classe, son casque à la main, son sac rouge sur l'épaule, c'était très souvent avec le sourire aux lèvres que Solenn allait s'asseoir et elle était la seule à lancer un bonjour collectif. Elle avait également, seule, la force de caractère pour interpeller le professeur de philosophie à la fin de ses exposés et ce, pour des questions tout à fait pertinentes. Elle paraissait épanouie et heureuse. Aussi, lors de l'appel, chaque silence après son nom nous faisait nous inquiéter pour sa santé.* »

Un jour de la fin du mois de janvier 1995, ton nom a disparu de la liste des élèves, le silence était devenu définitif.

20

« *Merci pour tout, mais je n'aime pas la vie* », c'est ton dernier message. Pourtant, tu t'es battue pour donner une chance à cette existence qui te pesait parfois si fort.

Sur ton chemin chaotique, tu as eu des sursauts d'énergie, tu as fait preuve d'une détermination étonnante. Tu rêvais de venir à bout des violents vents contraires qui t'agitaient.

Au début de l'automne 1994, parce que tu croyais en cette victoire, tu as pris l'initiative de te faire interner en hôpital psychiatrique. Tu étais majeure, tu n'avais plus besoin de notre assentiment.

Lors d'un court séjour à Sainte-Anne, tu avais expérimenté les conditions très difficiles d'hospitalisation : confort des plus rudimentaires, douche et toilettes sous la surveillance d'une infirmière. Pour les visites très espacées, tu nous retrouvais dans un parloir où l'intimité était en permanence troublée par l'irruption de malades qui venaient téléphoner. Leur comportement souvent un peu étrange ne semblait pas te déranger ou t'inquiéter ; tu en parlais avec une sollicitude attendrie.

Certains, se trompant de chambre, te réveillaient en pleine nuit, tu trouvais cela normal et tu les raccompagnais doucement chez eux.

Tu acceptais donc cette nouvelle privation de liberté. Tu exigeais seulement de pouvoir apporter ta couette, ce qui te fut accordé. Cette couette était ton refuge, ton ultime rempart contre le monde extérieur, tu t'y blottissais des journées entières lorsque l'angoisse te dévorait et annihilait toutes tes aspirations.

Je n'ai même pas eu le droit de t'accompagner jusqu'à ta chambre. Je t'ai quittée, la gorge serrée à l'idée de t'abandonner dans un univers que je n'aurais pas supporté.

En sortant de l'hôpital, pour me consoler je suis entrée chez un grand fleuriste de la rue d'Alésia. Le mois d'octobre débutait, c'était le moment de mettre en terre les bulbes pour le printemps. J'en ai acheté deux sachets, je les ai plantés avec Gwenaëlle qui prenait son rôle de jardinière très au sérieux.

Tu ne les as jamais vus fleurir. Mais chaque année, au mois de mars, leurs légères clochettes blanches et bleues viennent me rappeler la profonde admiration que j'ai ressentie ce jour-là devant ton courage.

Ce séjour te fut bénéfique, la boulimie te laissait souffler, tu avais perdu du poids, tes idées suicidaires s'étaient envolées.

La vie te souriait à nouveau à travers les yeux d'un jeune navigateur rencontré aux Antilles. Il t'a donné des plages de bonheur. Quel plus beau cadeau pouvait-on te faire ?

Il t'avait choisie comme marraine de son bateau, tu ne lui en as pas laissé le temps. Grâce à toi, des liens forts se sont tissés entre lui et nous. Il a demandé à Morgane de te remplacer. Très émue, elle a cassé la bouteille de champagne sur la coque du voilier à la barre duquel il a gagné sa première course en solitaire.

Tu as dû lui souffler à l'oreille un des plus grands rêves de ton père. L'été dernier, ils embarquaient ensemble à Québec pour rallier

Saint-Malo. La traversée fut rude mais salutaire, et le rêve était devenu réalité.

En rentrant des Antilles, tu avais repris les cours, tu renouais des relations avec tes amis, tu es même venue fêter au milieu de tes cousins les quatre-vingts ans de ton grand-père. Tu lui fis la surprise de ton air d'opéra devant un auditoire médusé pour les uns, ému et attendri pour les autres.

Sur la photo de famille, ton visage a retrouvé les contours de tes quinze ans, tu resplendis. Ton papa, fou d'espoir devant cette transformation, était persuadé de ta guérison. Une petite voix pleine de scepticisme me chuchotait de ne pas nous réjouir trop vite. Tu recommençais à restreindre ton alimentation.

Nous avions projeté de passer Noël au large de Madagascar, dans la petite île de Sainte-Marie que nous avions découverte avec Arnaud. C'est un endroit magique sans touristes, sans voitures, sans routes goudronnées. La population locale semble y vivre dans la sérénité de l'immuable cours des choses.

Malgré l'accueillante chaleur de nos hôtes, malgré de merveilleuses promenades en bateau et l'enchantement d'une nature éblouissante, tu te fis plus capricieuse, des nuages assombrissaient à nouveau la clarté de tes yeux, derrière ton front buté on sentait revenir les anciens tourments.

Seule, votre chevauchée fantastique du dernier jour a laissé à Morgane un souvenir heureux de ces dernières vacances passées avec toi.

Notre avion de retour décollait à quinze heures, vous aviez le temps de faire une balade sur les petites motos mises à votre disposition. Vous êtes parties toutes les deux tôt le matin pour un parcours que nous savions sans danger : vous deviez rejoindre la capitale de Sainte-Marie, située à quelques kilomètres. Grisées par la vitesse et le soleil, vous avez eu envie de poursuivre votre chemin, le paysage devenait de plus en plus beau. Vous étiez persuadées que la piste faisait le tour de l'île, vous deviez pouvoir revenir à votre point de départ.

Tout à coup, ta moto s'est ensablée, tu es tombée avec elle. Impossible de la relever, tu t'étais brûlé la jambe. Morgane dut se débrouiller, demander de l'aide à de jeunes villageois ébahis qui vous dévisageaient sans un geste. Ils attendaient une récompense, elle leur laissa sa montre.

L'aiguille de la jauge baissait dangereusement, il allait falloir abandonner les motos. Vous avez fini par atteindre la cour d'un restaurant, c'était le bout de l'île, la route se terminait là. Vous avez commencé à paniquer, l'heure avançait, il n'y avait pas de téléphone.

Sur une piste de fortune, tu as avisé un avion minuscule. Son pilote accepta de vous ramener. Notre accueil glacial vous a déçues, vous étiez fières d'être revenues à temps.

Après ta disparition, Morgane évoquait très souvent, en riant de bon cœur, cette aventure, dernier événement fort de votre vie de sœurs. Du haut de ses treize ans et demi, elle t'avait prise en charge et protégée.

21

Petit à petit, au long de ces difficiles années, Morgane avait endossé son rôle d'ange gardien. A l'admiration et l'affection qu'elle te portait, elle avait ajouté un soutien moral sans faille.

La petite dernière était devenue l'aînée de sa grande sœur, elle aurait tout donné pour te soulager, te porter secours.

Après ta première tentative de suicide, elle a vécu dans la hantise d'une récidive. A peine rentrée de classe, elle se précipitait auprès de toi pour te distraire, te raconter ses petites histoires, te faire rire et t'écouter.

Elle ne dormait que d'un œil, guettant tes moindres allées et venues nocturnes. Nous nous sommes retrouvées trente-six fois sur le palier, nous demandant ce que tu pouvais bien faire et si nous devions intervenir.

Quand tu dépassais les limites, elle ne te ménageait pas, n'hésitant pas à te secouer. D'elle tu pouvais tout entendre, elle ne s'en privait pas. Tu ne lui en as jamais voulu.

Elle a eu des moments de révolte mais son amour pour toi n'en a jamais été ébranlé.

Tu avais incarné son modèle, elle te vouait un attachement sans bornes. Votre complicité s'appuyait sur une bonne humeur inaltérable. Vous passiez des heures ensemble, ce n'étaient alors qu'interminables conciliabules entrecoupés de fous rires. Avec ton humour ravageur, tu lui relatais mille anecdotes, elle buvait tes paroles. Tu lui faisais tes confidences, c'est certainement celle d'entre nous qui te connaissait le mieux.

Aujourd'hui, elle garde jalousement vos secrets, c'est sa manière de préserver votre admirable entente.

En un an, l'anorexie a totalement transformé ta personnalité. Fidèle, Morgane s'est battue à tes côtés, mais elle ne pouvait pas comprendre tes conflits intérieurs et ton incapacité à les résoudre.

Au début de ta maladie, tu expliquais que deux Solenn cohabitaient en toi : celle qui était attirée par les paillettes, celle, plus profonde, qui rêvait de pureté, de causes humanitaires. Celle qui avait mené une vie de patachon et celle qui culpabilisait devant la futilité de ces soirées.

Je te sentais perpétuellement tiraillée entre ton idéal d'une belle existence enrichissante et généreuse et l'image décevante que le monde t'en renvoyait. Ecartelée entre « l'appel à la vie et le désir de ne pas être salie par la médiocrité humaine, le désir de ne pas y participer ».

C'est d'ailleurs juste au moment où tu étais le plus fragile que les médias se sont déchaînés pour entacher l'image de ton père et celle du couple de tes parents dont tu étais si fière.

Exigeant beaucoup de toi et des autres, tu désirais toujours plus, tu voulais tout, tout de suite. Cela te menait fatalement à une insatisfaction permanente, à des désillusions, et à des déceptions répétées.

Tu repoussais les limites le plus loin possible. Tu pensais avoir fait toutes les expériences, le reste de la vie ne t'intéressait pas. Il te restait une ultime frontière à franchir, la plus extrême. Tu le souhaitais, tu l'as accompli sans angoisse apparente, dans une grande impulsivité.

Sophie C., ta psychiatre, qui a tout fait pour t'en dissuader, analyse ainsi ta fin de parcours. J'ai envie de la croire, elle te connaissait bien.

Il y a quelque temps, une jeune femme nous a envoyé ce très beau texte, où elle t'imagine après ton grand saut :

« Je l'ai fait. J'ai sauté et, à cet instant précis, je me suis envolée. Si légère, enfin ! J'ai sauté dans cet ailleurs qui depuis si longtemps me tendait les bras, les yeux fermés, j'ai souri...

Je l'ai vu Lui, je l'ai vue Elle qui allaient pleurer et je leur ai souri. A tous les autres, aussi. Je les aimerai mieux de là-bas.

Je suis partie sereine, je ne regrette pas, je suis simplement étonnée. Etonnée de ne pas avoir eu mal, d'avoir glissé, sans m'en rendre compte, de l'autre côté. »

Cela ressemble à la lettre que tu aurais pu nous envoyer de cet au-delà dont tu attendais tant, cet univers de perfection et de bonheur auquel tu aspirais de toutes tes forces.

Cette lettre de joie et de soulagement, comme nous aurions aimé la recevoir !

A Solenn

Nous, les parents, souhaitons ardemment le bonheur de nos enfants, quelquefois au prix de grands sacrifices. Les chemins qu'ils prennent, les choix qu'ils se fixent nous paraissent parfois hasardeux ou dangereux. Nous sommes là pour donner notre avis ou mettre des garde-fous. Ils n'en tiennent pas toujours compte, mais on peut veiller de loin.

Toi, tu t'es bien gardée de nous consulter, tu connaissais la réponse ! Tu nous as demandé le renoncement suprême. Tu as choisi d'aller vivre dans un monde où nous ne pouvons même pas t'imaginer. Tu as la chance d'y avoir retrouvé Tiphaine, et je te demande de la chérir pour nous.

Tu es heureuse, j'en suis intimement persuadée, c'est ce qui me sauve.

« Je serai toujours là avec une force supérieure à celle de la vie et j'accompagnerai tous ceux qui m'ont aimée. »

Tu tiens tes promesses, tu veilles sur nous, tu nous guides. Tu fais des petits signes, histoire de nous aider à tenir le coup.

A Solenn

Mais, comme dans la chanson de Goldman, j'ai tout de même une confidence à te faire :

« *Tu manques, si tu savais*
Infiniment, tout doucement...
Tu manques, si tu savais
Tu manques drôlement.
Tu m'manques ! »

Trégastel, le 22 mai 1997

En relisant ces pages, je m'aperçois que la maladie prend une place importante dans mon récit. Plus importante que je n'aurais voulu. Je m'incline, là encore elle a été la plus forte.

J'aimerais seulement que Solenn s'inscrive de façon lumineuse dans la mémoire de ceux qui ne l'ont pas ou peu connue.

J'aimerais aussi que ces lignes empêchent le temps de faire son travail et aident ceux qui l'ont aimée à la garder toujours présente en eux.

Elle avait une qualité d'être, une luminosité rares. Je l'aime comme ma petite sœur, une petite flamme pure et droite, têtue et invincible.

Ariane W.

A Solenn

Elle avait, même dans sa manière d'aborder les problèmes littéraires, une profondeur touchante, et son regard ne vous permettait pas de vous débarrasser à la hâte des questions embarrassantes.

Brigitte L., professeur de lettres

Solenn était une jeune fille charmante qui me faisait l'honneur de m'accorder sa confiance. Je me rappelle ses espoirs enthousiastes, son souci d'exigence, ses hautes aspirations.

Je me rappelle aussi ses périodes de découragement au cours desquelles nous passions de longs moments ensemble.

Caroline R., pédiatre

Il n'y aura pas assez de printemps pour toi, Solenn, mais ton souvenir en nous est encore chaud comme le soleil.

Granny

Solenn m'aide à surmonter les souffrances de la vie, elle me porte quand ça va mal et me donne le courage de continuer. Je la sens, elle est tout près.

Mélanie

A Solenn

Ma petite Maman,

C'est maintenant à toi que je m'adresse pour te témoigner mon admiration en face de ton livre. En effet tu as relaté la vie de Solenn, « ma jumelle », avec objectivité et amour.

Elle était tout pour moi : ma confidente. Ma réaction est peut-être égoïste mais je ne désire pas dévoiler les moments passés en sa compagnie et tous nos secrets. Je tiens seulement à exprimer l'amour que j'ai pour elle et la force qu'elle me donne pour avancer.

J'espère l'avoir aidée dans les phases les plus difficiles de sa maladie et de son existence malheureusement si courte.

Papa avait sans doute raison, « Elle n'était pas d'ici » mais elle reste gravée tout au fond de nous.

Un dernier mot pour toi ma petite sœur, je t'aime et ne t'oublierai jamais. Tu es en moi pour l'éternité.

Morgane

Composition IGS
Impression Bussière en décembre 2004
Éditions Albin Michel
22, rue Huyghens, 75014 Paris
www.albin-michel.fr
ISBN 2-226-15522-8
N° d'édition : 22929. – N° d'impression : 044979/4.
Dépôt légal : janvier 2005.
Imprimé en France.